웹진 『시인광장』 선정
- 2025 올해의 좋은 시 100選

Selected by Webzine Poetsplaza
- 2025 Best Poem of this year 100 Selections

웹진 『시인광장』 선정
2025 올해의 좋은 시 100選

초판인쇄   2025년 1월 3일
초판발행   2025년 1월 3일

펴 낸 곳   도서출판 시인광장
펴 낸 이   우원호
등록번호   307-2013-17
주   소   세종특별자치시 보듬2로 43, 1506동 1801호
전   화   044-866-5326
팩   스   044-866-5326
전자우편   seeinkwangjang@hanmail.net
홈페이지   www.seeinkwangjang.com

ISBN 979-11-969163-6-7(03810)

값 12,000원

•도서출판 『시인광장』은 시문학의 발전과 시문단의 중흥을 위한 새로운 변화와 창조를 도모하는 뉴 패러다임 [New Paradigm]의 출판사로 시인들과 시를 사랑하는 모든 독자들을 생각하며 성원에 보답하기 위해 언제나 최선을 다하겠습니다.

•잘못 만들어진 책은 바꾸어 드립니다.

■ 웹진 『시인광장』 선정 『올해의좋은시賞』 역대 수상자
受賞者들과 수상시受賞詩들

수상년도	회수	수상시	수상시인
2008년	1회	내 몸속에 잠든 이 누구신가	김선우
2009년	2회	무덤 사이에서	박형준
2010년	3회	겨울의 원근법	이장욱
2011년	4회	문장들	김명인(공동수상)
2011년	4회	인중을 긁적거리며	심보선(공동수상)
2012년	5회	y거나 Y	유지소
2013년	6회	잉어	김신용
2014년	7회	시골 창녀	김이듬
2015년	8회	저녁의 감정	김행숙
2016년	9회	눈썹이라는 가장자리	김중일
2017년	10회	죽은 새를 위한 메모	송종규
2018년	11회	나를 파괴하라! 장미여	김왕노
2019년	12회	누가 고양이 입속의 시를 꺼내 올까	최금진
2020년	13회	음시	함기석
2021년	14회	제페토의 숲	김희준(1994 ~ 2020)
2022년	15회	도넛 구멍 속의 잠	이혜미
2023년	16회	서 쪽	홍일표
2024년	17회	당신 영혼의 소실	황인찬
2025년	18회	콜링	임원묵

제1회 김선우　제2회 박형준　제3회 이장욱　제4회 김명인　제4회 심보선

제5회 유지소　제6회 김신용　제7회 김이듬　제8회 김행숙　제9회 김중일

제10회 송종규　제11회 김왕노　제12회 최금진　제13회 함기석　제14회 김희준
(1994 ~ 2020)

제15회 이혜미　제16회 홍일표　제17회 황인찬　제18회 임원묵

시인광장

— 2025 올해의 좋은시 100選

2025 웹진 『시인광장』 선정 올해의 좋은 시 100選 序文

우리 민족은 예로부터 문화와 문학을 사랑하는 민족이다. 지난해 10월, 한강 작가의 노벨문학상의 수상은 우리 민족의 그러한 민족적인 자긍심을 대내외에 크게 일깨워준 매우 자랑스럽고도 역사적인 대사건이 아닐 수가 없다.

웹진 『시인광장』 대표 우원호 • 8

읽히는 문학, 소통하는 문학으로

웹진 시인광장 발행인 김왕노 • 16

2025 제18회 웹진 『시인광장』 선정 올해의좋은시賞 심사평

익숙함에서 낯섦을 찾아가는 심사 후에

웹진 시인광장 편집주간. 좋은시상 심사위원장 방민호 • 23

2025 제18회 웹진 『시인광장』 선정 올해의좋은시賞 수상시와 수상소감 • 28

2025 제18회 웹진 『시인광장』 올해의좋은시상 수상자와의 대담

수상자 : 임원묵 시인
대 담 : 최규리(시인, 웹진 『시인광장』 편집장) • 32

001_	강재남	내내 잘 가	• 44
002_	강 주	밤을 흔들어서 듣기	• 46
003_	고은진주	수변작물	• 48
004_	공광규	카페 리스보아에서	• 50
005_	권성훈	꽃밭 포구	• 52
006_	김개미	옥수수와 그것	• 54
007_	김경수	이야기하는 꽃	• 57

008_	김광호	미아의 숲	• 59
009_	김 근	몇 번의 깜박임	• 61
010_	김미정	바다의 문장	• 63
011_	김백겸	카리스마	• 68
012_	김사륜	주격을 읽어주시겠습니까	• 70
013_	김성백	사량思量	• 72
014_	김송포	상강	• 73
015_	김숙영	박쥐처럼	• 75
016_	김신용	돌에 관한 에피소드 2	• 76
017_	김영찬	사진 한 장의 포에트리	• 79
018_	김예강	조금 쓸쓸해지려 해요	• 81
019_	김왕노	나무의 파문	• 83
020_	김조민	번진 자리를 따라 가다가	• 84
021_	김찬옥	한밤의 춤을, 크레타섬에서	• 88
022_	김태경	얼룩진 그림책	• 92
023_	김효은	단편영화	• 93
024_	노해정	드디어 상어가 되었다	• 96
025_	문정영	복숭아뼈 물혹 같은	• 98
026_	문혜진	송이버섯을 찾아서	• 100
027_	박금성	그를 다시 찾은 자리	• 102
028_	방민호	읍천리	• 103
029_	서영택	백년손님이 끌고 온 길	• 105
030_	설하한	사랑하는 일이 인간의 일이라면	• 107
031_	손석호	우크라이나	• 114
032_	송용탁	결	• 116
033_	신승민	애소哀訴	• 118
034_	신영배	1물에 1물에	• 119
035_	신용목	수요일의 주인	• 122
036_	신철규	행성의 고리	• 125
037_	심은섭	능금의 조건	• 127
038_	안은숙	염하炎夏	• 128

039_	안차애	공생共生	• 130
040_	여성민	인간의 집	• 132
041_	오세영	총은 한방이다	• 136
042_	오정국	부음을 듣고서야 시작되는 이야기	• 138
043_	우원호	백두산白頭山 13	• 140
044_	유종인	비누	• 143
045_	유태승	오래된 꽃은 향기가 깊다	• 144
046_	윤유나	피를 뒤집어쓰다	• 146
047_	윤은영	뼈	• 149
048_	이강하	줄무늬 돌	• 151
049_	이건청	찔레 향기 쪽에서 웃던 사람	• 153
050_	이규리	그들은 꿈꾸던 곳으로 갔을까	• 155
051_	이노나	하필 상관없는 금요일	• 160
052_	이만영	지난여름, 물렁물렁해진 거북 등처럼	• 162
053_	이병국	빛그늘	• 164
054_	이병일	물색과 작당	• 166
055_	이병진	애매와 모호	• 168
056_	이수명	장위동으로 갔다	• 170
057_	이수영	애도의 시간	• 172
058_	이승하	국립과학수사연구원, 부검하다	• 174
059_	이시경	루트 3	• 176
060_	이영춘	뫼비우스의 장미가시	• 178
061_	이재연	오늘도 다르지 않습니다	• 182
062_	이종민	히메	• 184
063_	이채민	꽃은 길을 멈추고	• 186
064_	이 하	귀가歸家	• 188
065_	이현호	응답	• 190
066_	이혜미	비와 세계의 실금	• 192
067_	임원묵	콜링	• 194
068_	임지훈	코끼리	• 196
069_	장옥관	신천은 흐르고 오리는 떠있다	• 199

070_	전길구	남국의 밤	· 200
071_	전수우	바다는 존재만으로도 無常이니까	· 204
072_	정끝별	홀가분한 홍시	· 206
073_	정윤서	차단기	· 207
074_	정윤천	꽃이 피는 나타샤	· 209
075_	정지우	그라운드 모빌	· 211
076_	정채원	뒤집히거나 부서지거나	· 213
077_	정혜영	아름다움이 우리를 멸시한다*	· 215
078_	조미희	난간의 꽃들	· 218
079_	조용미	테라스의 포석들	· 219
080_	주민현	무덤과 베개	· 222
081_	진혜진	안녕은 무사입니까?	· 226
082_	채종국	필라멘트	· 228
083_	최규리	물시계와 무희	· 229
084_	최동호	희미한 웃음 이미지	· 231
085_	최분임	속치마 원근법	· 232
086_	최세라	고양이를 볼 때 천사를 믿는다	· 234
087_	최재훈	폭설 번역가	· 236
088_	최지인	컨베이어	· 239
089_	최형심	서랍 속의 도마뱀	· 242
090_	하 린	면역免疫	· 243
091_	하상만	흰색 옆에 검정	· 248
092_	한성근	제 속을 덩그러니 비워가며	· 250
093_	한정원	토트넘	· 252
094_	함기석	첫눈	· 254
095_	허 민	깊은 밤, 너의 울음	· 256
096_	홍성남	관객	· 258
097_	홍일표	어느 건축가의 고백	· 259
098_	홍재운	사과와 콘크리트	· 261
099_	황정산	어처구니의 행방	· 262
100_	황주은	흘리는 자세	· 264

2025 웹진 『시인광장』 선정 올해의 좋은 시 100選 序文

우리 민족은 예로부터 문화와 문학을 사랑하는 민족이다. 지난해 10월, 한강 작가의 노벨문학상의 수상은 우리 민족의 그러한 민족적인 자긍심을 대내외에 크게 일깨워준 매우 자랑스럽고도 역사적인 대사건이 아닐 수가 없다.

우원호(웹진 시인광장 대표)

대망大望의 2025의 새해가, 이 땅 위에서 자유와 평화를 외치면서 진정으로 활기 차고 아름답게 살아가는 대다수의 대한민국 국민들과 한민족의 이름으로 해외에서 살아가는 동포들을 위해 밝고, 희망으로 가득 찬 한해가 환하게 밝았다. 그렇게 설레임과 흥분 속에 시작된 올해는 을사년乙巳年, 푸른 뱀의 의미를 가진 한자로는 청사靑蛇라고도 불리우는 해이기도 하다. 그래서 2025년 푸른 뱀의 해, 청사의 해는 푸른의 의미를 가진 희망과 성장, 그리고 또한 뱀의 의미가 담긴 영리함과 지혜, 이 두 가지의 의미가 합쳐져서 새로운 시작과 창조적인 성장의 기운이 가득한 해라고들 예로부터 우리들의 선인들은 새해 벽두에 그리 예견을 하곤 했다.

그야말로 나에게도 분명히 실로 이 세상 사람들 그 누구 못지 않게 순수하고 아름답던 청춘의 시절들이 있었다. 내 나이도 어느새 고희古稀의 나이가 되어 머리에 여기저기 히끗히끗 서릿발이 돋아나 있는 나의 모습을 물끄러미 거울 속의 나를 바라보며 지나간 날들을 돌이켜 회상하니 세월의 덧없음을 새삼스레 절감하게 된다.

그러나, 나에게는 언제나 과거보단 현재가, 그리고 현재보단 미래를 생각하며 나는 항상 현실보단 미래를 바라보며 현재의 고달픈 역경 속에서도 미래의 밝은 미래를 생각하는 지혜를 가지는 현명한 교훈을 내 인생의 모토motto로 삼고 살아온 내가 아니던가?

때문에 나는 더러 이따금씩 영원히 죽지 않는 불사조不死鳥 다시 말해 피닉스phoenix와 같은 삶을 살아 가고 있는 것은 아닌가 하는 착각 속에 살기도 한다.

아마도 아시는 분들도 계실 줄로 알고 있지마는, 2000년 8월에 고려대학 안암병원에서 말기암 판정 받고나서 나는 당시 크게 들풀처럼 유행하던 의료분규로 인해 의사들이 모두 진료는 물론이고 수술을 거부하는 사태가 보름 가깝게 지속되자 사형 선고 받은 몸이나 다름 없이 시간을 허송하던 기억들로 인해 솔직히 말해, 당시에는 O 헨리의 단편 소설 「마지막 잎새」의 폐렴으로 죽음 직전에 놓인 젊은 화가 존시와 그녀를 헌신적으로 돌보는 친구, 수의 바람처럼, 나는 고려대학을 졸업하고 미국에서 중앙일보 지사장을 지내던 매제와 막내 여동생에게 전화 걸어 마지막 인맥의 힘을 빌려서라도 치료를 받아보려 하였지만 그러한 막연한 기대마저 허사였다.

헌데 의외로 다시 거의 꺼져가던 불씨를 되살릴 운명의 신神이 아주 가까이서 나를 향해 손짓하고 있었다. 다행히도 아내의 소개로 같은 아파트에 살고 있던 서울 약수동의 대장암 전문병원 송도병원 간호과장의 소개로 故 김광연 원장님과 수술팀의 집도하에 무사히 수술을 마쳤으나 사실상 나의 시련은 이때부터 시작되었다.

나는 이 시기에 나의 가장 소중하게 친분 관계를 유지해 오던 죽마고우와 문우 각각 1명씩을 잃게 되는 비운을 맞이 했던 것이 바로 이때의 일이었기 때문이다. 그것은 아마도 70 평생 사는 동안 내가 격은 여러 가지 일들 가운데 가장 슬프고도 괴로웠던 일로 기억된다.

그 중에 한 사람은 나와 같은 회사에서 비록 부서는 달랐지만 거의 비슷한 시기에 입사해 절친하게 문우 관계를 유지했던 그는 홍보팀에서 일하다가 나와 비슷한 시기에 간암을 판정 받고 47세의 나이에 요절한 故 임찬일 시인과 또한, 나와 철부지 국민학교 시절부터 함께 장위동의 동네에서 함께 자라 훗날 현대자동차써비스와 현대자동차의 합병되어, 같은 회사 현대자동차 소속으로 근무하다가 역시 2000년대 故 임찬일 시인과 동일하게 간암으로 세상 떠난 누구보다 가장 절친했던, 친구 우원철의 죽음이 바로 그것이다.

아무튼 나는 죽지 않고 살아 있어 그들 몫까지 살아가려 노력 중에 있고, 아무튼 또 다시 생각해 보아도 지난 2000년은 두 번 다시 기억하고 싶지 않을만큼 나에게는 그야말로 악몽과도 같은 한해였다.

그 이후에도 전립선 비대증 증세가 심해 현재 내가 살고 있는 세종특별자치시 도담동 아파트의 18층 베란다를 통해 뛰어 내려 자살하고 싶다는 충동을 여러 차례 느껴, 그 당시에 주간직을 맡으셨던 김신용 주간과 통화할 때마다 이러한 사실을 피력했던 적이 있었는데, 이때 구사일생으로 나를 그 끔짝했던 고통에서 해방시켜 준 의사가 바로 대전 웰비뇨기과의 길건 원장이다.

또한 지난 3년 전에 충남대학교 세종병원에서 신채원 교수로부터 파킨슨병을 진단받고, 현재 동탄 병원에서 김영수 박사팀의 시술로 3회의 뇌심부 자극술 수술을 받고 제5의 삶을 살아가고 있고, 다행히도 병세가 크게 호전되어 나는 걸을 수가 있게 되어 모든 것에 대해 ,와사보생臥死步生의 교훈을 얻었으며 새로운 세기를 알리던 2000년 8월, 故 김광연 박사에게 직접 받은 나의 직장암 말기 수술 이후. 지난 해 두 차례의 뇌심부 자극술에 이어 올해 9월 또 한 차례의 뇌 수술로 내 생애 최고의 위기의 순간을 넘기며 다섯번째 삶을 살아가며 얻은 세 가지 교훈: 죽지 않고 살아 있어 누구보다 행복하다 라는 명백한 사실과 범사에 감사하는 마음—특히 나의 조상님과 위대하고 살기 좋은 대한민국을 창조해낸 선열 모든 분들에게 늘 감사한 마음과 부인할수 없는 그 정신. 그리고 무엇보다 비가 오나 눈이 오나 하루에 만보를 걷겠다는 와사보생臥死步生의 교훈과 그 실천이다.

반면 지난해 10월은 러시아가 오랜 인접국인 우크라이나의 침공으로 촉발된 두 나라간의 3년 여의 지루하고 피말리는 실로 잔인하고 혹독한 전쟁들에 대한 암울했던 소식들과 연말에 들려왔던 보고도 믿을 수가 없을 만큼 국민들의 마음을 슬프고 비통 속에 잠기게 만들었던 무안 비행장의 사고 등의 유난히도 많았었던 사건들과 사고 소식과는 무관하게 나와 우리들 모두가 하나같이 단지 대한민국 국민이란 사실, 그 이유 하나만으로도 너무나도 행복감이 충만하게 느껴졌던 달이기도 하다.

그 까닭은 이미 대한민국 국민이라면 남녀노소 할 것 없이 모두 알고 있는 일이지만, 지난해 10월 10일에 대한민국 최초로 한강 작가가 노벨문학상자로 선정이 되었다는 소식으로 온 나라가 연일 축제의 분위기로 휩싸이게 되었기 때문이다.

그녀의 노벨문학상 수상자로 선정 되기 훨씬 오래전에 세계 3위의 세계적인 명품 브랜드가 되어 버린 현대자동차와 삼성의 핸드폰과 반도체 분야에서 세계1위 라는 생산및 판매 기록을 비롯하여 국제적인 브랜드가 되어버린 이루 셀 수 없을 만큼 많은 분야에서 급속도로 퍼져 있던 한류 열풍과 함께 한국문학 강풍이 올해에도 여전히 전세계의의 서점에서 토네이도 급으로 아주 거세게 몰아치고 있다. 지금까지 전 세계의 나라마다 젊은이를 중심으로 불던 K-POP의 열기만큼 그 반응이 너무나도 뜨겁고 강력하게 느껴지고 있는 점이 우리들의 마음을 더욱 흥분하게 하고 무한한 자긍심과 함께 우리 대한민국 국민들을 더욱 행복감에 깊이 빠져들게 만들고 있지 아니한가?

이제 한강 작가의 경우처럼 그녀의 시집 『서랍에 저녁을 넣어 두었다』를 비롯하여 그녀가 지금까지 발표했던 단편 소설 『바람이 분다 가라』 이외에도 2015년 황순원문학상 수상작인 『눈 한 송이가 녹는 동안』과 2018년 김유정문학상을 받은 『별』 읽는 국민들이 실로 기하급수적으로 크게 늘어 났다. 특히 21세기 들어서 컴퓨터와 스마트 폰을 이용하는 SNS 사용자가 급속도로 증가하는 추『세에 힘입어서 교보문고나 영풍문고 등의 대형서점 등을 비롯하여 알라딘과 예스24 등의 인터넷 서점들을 비롯한 전국의 크고 작은 서점들엔 매일같이 찾아와서 한강 작가와 관련한 주요 서적들을 연일 주문하는 사례들이 폭증하고 있어서 문학계와 서점계에 활기를 불어넣어준 한강 작가의 노벨문학상 수상 소식 덕분에 한국문학에 대한 관심도 그 가치도 한층 더 크게 증가하고 재조명되고 있는 추세에 있다.

또한 국내에서는 이미 100만부 이의 한강 작가와 관련한 서적들을 주문받아 놓은 상태이며, 영국을 비롯하여 독일과 프랑스 등의 유럽과 체코와 헝가리 등의 동부 유럽권의 나라들은, 물론이고, 일본이나 중국, 인도 등의 아시아권에 있는 많은 나라에서 서점을 이용하여 책을 사려다가 책이 동이 나는 바람에 예약으로 주문하는 사례들이 점차 크게 늘어나고 있다는 매우 반가운 소식이 한강 작가의 대한민국 최초의 노벨문학상 수상이란 반가운 소식과 그 나비효과로 인해 현재 대한민국 전역에서 불고 있는 경제효과 역시 전 세계를 강타하고 있는 K-POP의 열풍과 함께 연일 국민들의 마음을 들뜨게 하고 있고, 국민들의 마음을 너무나도 행복의 도가니로 몰아넣고 있다.

백두산(白頭山) 15
— 7인조의 세계적인 보이 그룹 밴드 방탄소년단, BTS*

우원호

방탄복이 총알을 막아내는 것처럼
생의 모든 일과 편견을 막아내고
자신들이 창조하는 음악적 가치를 당당히 지켜내겠다는
숭고하고 아름다운 의미를 담고 있는**

방탄소년단, BTS!
그들의 탄생은 모두에게 축복이요, 환희였다

만고萬古의 역사에 길이 빛날 자랑스런 이름들!
RM, 진, 슈가, 제이홉, 지민, 뷔 그리고 정국
이렇게 백두산의 정기를 이어받은 한민족의 젊은 후예들로 구성된

7인조의 세계적인 보이 그룹 밴드Boy Group Band,
방탄소년단, BTS!

데뷔곡인 〈COOL 4 SKOOL〉을 부르면서
화려하게 조명받은 그들의 그 노래는

거대한 불기둥이 용솟음친
활화산의 대폭발이었다

팝 역사의 새 시대를 예고한

뜨거운 열기의 마그마의 대분출이었다

대한민국 가요계의 역사는 물론,
전세계의 팝의 역사를

한꺼번에 뒤바꿀
대혁명을 예고하는 전주곡이 되었다

그후로도 계속해서
발표하는 곡들마다

헤르만 헤세의 소설《데미안》에서 영감을 얻었다는 음반 〈WINGS〉
프리드리히 니체의 철학서《차라투스트라는 이렇게 말했다》에서 인용을 했다는 노래〈피 땀 눈물〉
에리히 프롬의《사랑의 기술》에서 영감을 얻었다는 시리즈 음반 〈LOVE YOURSELF〉
제임스 도티의 회고록《닥터 도티의 삶을 바꾸는 마술가게》에서 영감을 얻었다는 노래 〈Magic Shop〉
머리 스타인의 심리서《융의 영혼의 지도》에서 영감을 얻었다는 시리즈 음반
〈MAP OF THE SOUL〉 같은

그들이 불렀던 노래들은 모두
또 다른 비틀즈의 노래가 되고
또 다른 빌보드의 차트가 되고
〈Dynamite〉와 〈Savage Love〉와 〈Life goes on〉, 〈Butter〉 같은 명곡들은 이미 빌보드 차트의 1위 곡이 되었고, 전세계 아미 〈ARMY〉 BTS 팬들과 젊은이들 모두 노래들을 함께 따라부르면서 매일매일 열광하고, 그네들의 또 다른 뜨거운 심장이 되고, 그

네들의 삶이 되고

또 다른 세계인의 문학이 되고
또 다른 세계인의 문화가 되고
또 다른 세계인의 전설이 되고
또 다른 세계인의 역사가 되고

또 다른 백두산의 정기를 받은
또 다른 한민족의 영웅이 되었다네

그들이 부르는 노래들은 다시
또 다른 비틀즈의 노래가 되고
또 다른 빌보드의 차트가 되고
(어느 곡은 빌보드 차트의 1위곡이 되고)

또 다른 세계사의 문학이 되고
또 다른 세계사의 문화가 되고
또 다른 세계사의 전설이 되고
또 다른 세계사의 역사가 되고

앞으로도
계속해서

또 다른 백두산의 정기를 받아

또 다른 비틀즈의 노래가 되고
또 다른 빌보드의 차트가 되고
(어느 곡은 빌보드 차트의 1위곡이 되고)
또 다른 한민족의 영웅이 되리라

방탄소년단이여, 영원하라!
BTS여, 영원하라!

*본래 이름인 'Bangtan Boys' 또는 'Bulletproof Boys'의 이니셜.
**위키백과에서 일부 인용.

웹진 『시인광장』 2024년 7월호 발표

비록 해가 바뀌어도 한강의 열기가 탄핵 정국으로 인해 꽁꽁 얼어붙은 국민들의 마음을 매우 뜨겁게 그리고 훈훈하게 녹여주고 있어 정말 다행이 아닐 수가 없다.

다시 한번 한강 작가의 노벨문학상의 수상을 국내외에서 시와 소설들을 진심으로 사랑하는 문학계와 출판계를 비롯하여 음악과 미술 등을 사랑하는 문화계의 모든 사람들과 함께 한강 작가의 이번 수상을 새삼스레 진심으로 거듭하여 축하드리면서 한국의 문학과 국력이 더욱 융성하는 계기가 되리라고 나는 확신한다.

그리고 무엇보다 이미 세계적인 독자층을 다양해게 확보하고 있는 시인광장이 2025' 제19회 웹진 시인광장 선정 올해의 좋은 시상 수상자가 선정되고 발표되는 오는 12월에 어느새 창간 200호의 지령을 맞는다는 점에서 벌써부터 국내외의 시인들은 물론이고, 독자들을 더욱 기대와 설레임에 빠져들게 하고 있다. 이에 발맞춰서 시인광장 임원진과 편집진은 국내 최고에서 세계 최고의 웹진으로 거듭날 수 있도록 합심하여 최선을 다해 노력해 나아갈 것임을 독자 여러분께 약속 드린다.

읽히는 문학, 소통하는 문학으로

김왕노(웹진 시인
광장 발행인)

문학은 폐쇄성을 지양하고 개방성, 접근성을 지향해야 한다. 독자가 손만 뻗으면 닿는 곳에 문학이 있어야 한다. 시집, 소설집, 수필집이 있어야 한다. 시집이란 집集이 붙어 시 모음집이라 할 수 있으나 실제로는 마음이 들어가 포근하게 지내는 집家의 의미도 있어야 한다. 시를 즐기는 독자의 마음이 항상 시집에 드나들어야 한다. 자신이 경험하지 못한 세계로 구체성이 떨어진 시나 몽환적이거나 몽상적인 이미지가 꼬인 집은 시집이란 집家에 마음이 오래 머물지 못할 것이다. 이러한 시의 내용이 모여진 시의 집은 폐가를 보듯 시집 멀리 독자는 돌아서 다닐 것이다. 한때 어렵고 난해한 시가 독자와 시집의 사이를 멀어지게 한 것이 사실이다. 그 책임에서 나도 벗어날 수 없고 그에 대한 반작용으로 여러 가지 시에 대한 변화도 있었다. 바람직하게 서정의 복귀를 부르짖고 짧은 시, 디카시, 넉 줄 시 등은 시의 장르로 자리매김했고, 이것은 독자와 시의 소통을 위한 부단한 노력이자 바람직하고 아름다운 일이다. 즉 문학의 진화이다. 소설이 소설가의 전유물, 시가 시인의 전유물, 수필이 수필가의 전유물로만 존재한다는 것은 문학인을 위한 문학이지 진정한 문학이라 할 수 없는 것이다. 문학이란 작가나 독자가 어우러져 만들어가는 것이기 때문이다. 섬세하고 질박한 모국어로 써진 책은 잘 차려진 잔칫상과 같은 것이다. 온갖 언어의 맛을 볼 수 있는 것이다. 잘 자란 자작나무 숲과 같아 책에 들어가 신선한 공기를 마시며 개울 물소리도 듣고 들꽃 향기도 맡으며 청사진을 그려보는 것이다. 문학은 독자의 존재감을 인정하고 그것을 확장 시켜주는 것이 문학의 본질이라 할 수 있다. 문학이 문학을 위해 존재하는 것이 아니라 결국은 독자를 위해 존재해야 하는 이유이기도 하다. 하여 나는 시단의 어르신으로부터 최근에 젊은 날에는 힘이 뻗치는 시를 쓰기도 하지만 결국 시도 철든 시를 써야 한다는 말씀에 감동을 받았다. 시에 모든 것을 묻는 게 시인의 자세라는 말도 들었다. 결국 시는 시인의 노력으로 읽히는 시의 길로 줄기차게 매진해가야 한다. 한강 작가가 노벨문학상을 수상함으로 우리 문학의 판도가 달라질 것이라 예상했지만 잠깐 들썩이다가 만 느낌이다. 문제는 작가 개인의 문제이지 한강작가의 노벨문학상 수상이 개인의 문학적 역량이 달라진 것은 아니므로 작가는 개인의 문학의 질적 수준을 높이는데 정진해야 한다고 생각한다. 문학이 대중성을 가졌느냐 문학성을 가졌느냐 저울질하면서 각자의 편리한 대로 편승하지만 좋은 문학은 읽힐 수밖에 없고 독자로부터 사랑받을 수밖에 없다. 쉽다 해서 짧다 해서 독자로부터 사랑받는 작품이 되는 것이 아니라 길든 짧든 시의 본질에 충실하면 결국 감동을 주는 작품이 되는 것이다. 긴 감동을 주는 작품이 되는 것이다. 보편적 서정으로 모국어로 시를 쓰면 가장 세계적인 문학이 되는 것이다. 하여 한강 노벨문학상이라는 호재를 한국문학의 르네상스로 만들어 세계인이 한국문학에 심취하고 열광하는 문학글로벌화에 시인이 문학을 주도해 나가야 함을 강조해 본다.

사과가 왔다.

사과받을 일도 줄 것도 없는 날에 사과가 왔다.
거창하게 거창 사과 10키로 박스 하나가 왔다.
거창의 햇살과 물소리와 바람과 공기와 새벽과
달빛과 새벽닭 울음소리 가득 담은 거창 사과로
새콤달콤하며 요즈음 본 사과 중 제대로 된 사과
사과받을 일도 줄 것도 없는 날에 사과가 왔다.
첫 키스의 맛일 거라는 거창 사과가 박스째 왔다.
사과를 주고받아야 할 세상에 일방적으로 왔다.
먼 거창에서 택배로 거창의 자연 한 박스가 왔다.

기일

하얀 유자꽃이 쏙꾹새 울음 속으로 뚝 뚝 지는 밤이다.
흔들리는 촛불을 바람드는 방문 틈을 좁혀서 지키며
섬에 홀로 두고 온 할머니가 사자 밥 드시러 온
할아버지와 독대하는 밤이라 정갈했던 할머니
머리 풀어 헤치고 그간의 일 고하며 흐느끼는 밤이다.
개똥밭에 뒹굴어도 이승이 좋다지만
원수 같은 양반 귀신은 뭐 하나 왜 안 잡아가나 했지만
당신 없는 이승이 지옥이라며 할아버지 좋아했던 육전 위로
할머니가 젓가락을 조용히 옮겨놓으며 흐느끼는 밤이다.

오오, 이렇게 고마운

현관에는 한약방 하는 친구가 준 달력이 붙어있다.

한 달이 되어 달력을 뜯을 때나 스케줄을 적을 때
한약 달이는 냄새가 난다.
술을 끊고 음양탕을 자주 만들어 마시고 목간통에 가면
온탕과 냉탕을 번갈아 드나들어라 는 말도
한약재인 달맞이꽃처럼 떠오른다.
며칠 전 친구가 집에 왕진을 와 아내를 치료하고 간 것뿐인데
진맥 후 '아내의 몸이 많이 좋아졌다.' 말을 하고 갔는데
연말연시 송년회로 망년회로
몸이 망가질 내게 새로운 처방법으로 처방을 내렸나
아니면 내 건강을 늘 걱정하는 딸이 그랬나.

빽빽이 적어놓은 연말연시 스케줄을 한자도 알아보지 못하게
검은 색연필로 새카맣게 덧칠해 버렸다. 오오, 이렇게 고마운

파주 여자

나 파주 여자와 눈이 맞는다면
손을 잡고 야반도주라도 하고 싶다.
한겨울인데 단전과 단수로
극빈이 극에 달하더라도
서로의 체온을 나누다 보면
얼음장 쩡쩡 깨지는 소리를 앞세우고

해빙기의 아침이 올 것이다.
생을 거덜 낸 듯
주눅이 드는 것은 피할 수 없는 일이지만
파주 여자와 눈이 맞으면
못 꿀 꿈이 없고 못 부를 노래가 없다
파주 여자만 보면 환히 켜지는 마음
오래 내 노망이었던 파주, 파주, 파주
피아노 건반처럼 통통 튀고
다소곳이 옷자락을 여미는 품위 있는 파주 여자
파주 여자와 만나 장래를 약속해도 될 텐데
아직은 나를 눈치채지 못하는 파주 여자에게
나는 종마같이 펄펄 뛰는 한 마리 꿈이고 싶다.

울음이 터져 나오는 핸드폰

백년 자작나무 숲에 사는 줄 알았더니
핸드폰을 여니 네 울음이 터져 나온다.
형, 그간 나 많이 아팠어.
내가 아프니 세상이 다 아픈 것 같았어.
아픈 길, 아픈 꽃, 아픈 구름, 아픈 새, 아픈 시
아픈 형일 것 같아 그래서 그간 소식 못 전했어.
암세포 온몸에 전이됐어. 걷지도 못해
모든 것을 다 잃었어. 그래, 그래 알았어. 울지마
넌 의지가 강한 놈, 이왕 그리되었으나 이겨야지
이제 밥보다 약을 더 필요로 하는 몸이니
약이라도 잘 챙겨 먹어라 네 계좌로 돈 조금 부친다.
인생 뭐 별것이냐.

생로병사라 네게 조금 빨리 찾아온 병일 뿐
누구나 찧고 까불어도 조금 죽음이 유예되었을 뿐
그리 알고 마음 편히 먹고 견디다 보면 이겨낼 수 있어
말이 되는지 마는지 위로가 되는지 안 되는지 모른 채
핸드폰에서 쏟아져 나오는
울음에 흠뻑 젖어 횡설수설하는 아침 한 때
백년 자작나무 숲에 살자고 하더니
지독한 병마와 사는 백년 자작나무 숲 시인

웹진 『시인광장』 선정 2025 올해의 좋은 시 2차 선정 10選(가나다순)

순서	이름	제목	구분
1	김예강	조금 쓸쓸해지려 해요	계간 『시와 사상』 2023년 겨울호
2	신용목	수요일의 주인	계간 『창작과 비평』 2023년 여름호
3	여성민	인간의 집	월간 『현대문학』 2023년 7월호
4	이규리	그들은 꿈꾸던 곳으로 갔을까	계간 『청색종이』 2023년 겨울호
5	이병국	빛그늘	계간 『시와 시학』 2024 가을호
6	신영배	1물에 1물에	계간 『상징학연구소』 2024년 가을호
7	임원묵	콜링	계간 『시작』 2023년 가을호
8	정윤천	꽃이 피는 나타샤	계간 『시산맥』 2024년 여름호
9	주민현	무덤과 베개	계간 『서정시학』 2024년 여름호
10	최세라	고양이를 볼 때 천사를 믿는다	계간 『시와 경계』 2024년 여름호

2025 제18회 웹진 『시인광장』 선정 올해의 좋은 시 100選 심사평

익숙함에서 낯섦을 찾아가는 심사 후에

방민호(시인, 문학평론가, 서울대학교 국어문학과 교수, 웹진 『시인광장』 편집주간)

지난 12월 3일 토요일 오후에 인사동의 사리원에 모여 숙고 끝에 임원묵의 「콜링」을 만장일치로 2025년 올해의 좋은 시로 선정했다.

'웹진 시인광장 올해의 좋은 시'를 뽑는 과정은 연중 내내 이루어진다. 좋은 시 500선으로 뽑히는 시는 독자나 시인에게 웹을 통해 무한적으로 읽히게 된다. 이 중 100선의 시로 압축하고, 다시 10편, 그중에 1편을 뽑는 것이다. 그 과정은 500선의 시인이 좋은 시 100편을 뽑고 100선이 된 시인이 다시 10편을 뽑는다. 이 방법은 웹진 시인광장의 전통적인 심사 방법이므로 공정성과 함께 상의 권위가 높을 수밖에 없다. 일일이 통계를 내고 다수가 선정한 작품 1편을 세상에 선보인다는 것은 그만큼 책임감도 막중하기에 심사 과정 내내 신경이 예민해질 수밖에 없다. 올해도 여느 해와 같이 우열을 가리기 힘든 500편의 시를 읽는 호사를 누리게 되었다. 100선에서 10선으로 심사범위를 좁힐수록 심사 긴장감의 밀도가 높아가고 드디어 10편의 시가 최종 심사 대상에 아래와 같이 올랐다.

김예강 : 조금 쓸쓸해지려 해요
신용목 : 수요일의 주인
여성민 : 인간의 집
이규리 : 그들은 꿈꾸던 곳으로 갔을까
이병국 : 빛그늘
신영배 : 1물에 1물에
임원묵 : 콜링
정윤천 : 꽃이 피는 나타샤
주민현 : 무덤과 베개
최세라 : 고양이를 볼 때 천사를 믿는다

예심은 500선 시인들과 100선에 든 시인들이 했고, 본심은 우원호 진 발행인, 김왕노 발행인, 방민호 주간, 김조민 부주간, 최규리 편집장이 모여 오랜 숙고와 논의 끝에 임원묵의 콜링을 2024년 올해의 좋은 시로 선정했다. 심사는 익숙함에서 낯섦을 찾아가는 과정이나 그 낯섦이 공감을 얻어야 하는 것이다. 구태의 연할 수 있는 시가 새로운 이미지를 함축하므로 신선함으로 다가올 때 시의 호소력과 울림이 크므로 이것을 주안점으로 하였다. 임원묵의 콜링은 코로나 시대 이후 달라진 우리의 생활에서 울음이란 단절되어가는 인간관계와 불통이 되어가는 세상을 이으려는 반어법적인 시인지 모른다.

콜링

임원묵

우리가 새와 고양이의 목소리를
그저 울음이라고 여기듯
실은 우리가 발음하는 모든 소리도
이 밤을 건너려는 울음일지 모르지

누군가 부르는 소리, 좋아한다는 말
함께 웃는 소리, 새벽 버스 정류장의 고요까지
그저 오늘 태어난 아이의 울음이
한순간 변주된 것에 지나지 않을지 모르지
슬프지 않다고 울지 않는 건 아니니까
우리가 우주로 보낸 전파 신호는
어느 행성의 백과사전에 그저 머나먼
푸른 점의 울음이라고 적혀 있을지 모르고
그 행성의 아기는 그렇게
전파를 내뿜으며 울지도 모르지
인간은 우주가 스스로를 이해하는 방식*이고
울음은 우주가 당신을 이해하는 방식이니까
가로등 아래에서 당신과 내가
입을 맞추던 순간에
사랑한다는 발음은 뭉개지고
끝내 모르는 말로 남게 되면서
서로의 울음을 들었던 거지
끝을 향해 몸을 내미는 세계를 살아가면서
처음 태어난 날을 이해하려 했기에
모르는 거지, 우리들은
이름을 부르면 하던 일을 멈추고
돌아오는 법을
울지 않는 서로의 얼굴을

*칼 세이건

목소리와 울음의 의미는 다르다. 목소리는 인간중심이고 수시로 다른 의미를 전달하는 기호를 가졌고 의사소통의 수단이다. 울음이란 사람이나 짐승이나 슬플 때 내는 단음의 소리이다. 울음도 울음 안에 무수한 의미를 포함하고는 있을 것이다. 그러나 콜링에서는 목소리와 울음의 경계가 무너지고 결국은 울음으로 서로의 존재를 나타내는 것이다. '슬프지 않다고 울지 않는 건 아니니까'를 통해 울음이란 슬픔의 상징이지만 슬프지 않아도 우는 울음으로 삶을 이어가며 끝내는 '울지 않는 서로의 얼굴을' 바라보고 싶을 것이다. 울음이라는 징검다리를 건너 우리가 꿈꾸는 세상에 이를 것이고 결국 울음이 존재를 나타내는 방법이고 소통의 수단이다. '인간은 우주가 스스로를 이해하는 방식*이고 울음은 우주가 당신을 이해하는 방식이니까'를 통해 당신 울음의 의미가 당신의 의미를 나타내기도 할 것이다. 목소리가 울음으로 변주되고 울음이 목소리로 변주되지만 더 곡진한 것은 목소리가 울음으로 변주되었을 때이다. 울음이 시 전반에 흐르지만 슬픈 분위기가 아닌 것은 울음이란 기호를 하나하나 풀어가는 과정이 재미가 있고 흥미롭기 때문이다. 다시 한번 울음을 환기시켜 주기 때문이다. 자칫 슬플 수 있는 시를 슬프지 않게 능청스럽게 이어가기에 콜링은 짧은 시이지만 수작일 수밖에 없다. 울음을 통해 우리 삶의 진솔함마저 엿보이며 아울러 우리가 접근하기 쉬운 시이기에 눈길을 끄는 시이다. 살펴보면 임원묵 시인은 일상에서 흔히 지나칠 수 있는 울음소리를 그만의 방법으로 독특하게 풀어내었다. 인간이 울음으로 어떻게 자기의 생을 펼쳐가는가를 암시하고 울음 안에 자기만의 해석 방법을 배치하여 시의 밀도를 높이고 있다. 시가 짧기에 치열하지 않다는 평을 받을지 모르겠으나 짧게 쓰기 위한 치열함도 있었을 것이다. 시력이 짧으나 그가 세상에 내놓은 시를 보면 원숙함이 묻어나는 희망적인 시인이라 할 수 있다. 콜링을 통해 울음을 재해석했듯이 그의 시 세계는 개성이 있는 시 세계이다. 약간 난해하나 그것은 이 시에서 군더더기가 될 수 없다. 울음에 대한 편견을 불식시키며 화려한 이미지도 없이 평범하게 시를 이끌어가고 부드러운 시의 역동성이 시 전반에 흐르고 있다. 그의 이러한 시 작업은 계속되며 그의 시속으로 우리를 함몰시켜 갈 것이다. 울음을 발랄하게 풀어놓았듯이 그가 가진 개성이란 부력이 그의 시를 꽃잎처럼 어둑한 세상에 띄울 것이다. 2024년 올해의은 시 수상이 그가 천군만마를 얻은 격이 되어 시로 세상과 문학판을 평정하기 바란다.

그가 울음을 바라보는 긍정적인 태도가 우리에게도 전이되어 우리들의 긍정적인 사고로 세상이 가득 채워지길 바라며 다시 한 번 그의 콜링에 대해 갈채를 보낸다.

(심사위원 : 우원호(웹진 시인광장 前 발행인), 김왕노(웹진 시인광장 現 발행인), 주간 방민호(본지 주간), 김조민(웹진 시인광장 부주간), 최규리(웹진 시인광장 편집장).

2025 제18회 웹진 『시인광장』 올해의좋은시賞 수상시 및 수상 소감

콜링

임원묵

우리가 새와 고양이의 목소리를
그저 울음이라고 여기듯
실은 우리가 발음하는 모든 소리도
이 밤을 건너려는 울음일지 모르지
누군가 부르는 소리, 좋아한다는 말
함께 웃는 소리, 새벽 버스 정류장의 고요까지
그저 오늘 태어난 아이의 울음이
한순간 변주된 것에 지나지 않을지 모르지
슬프지 않다고 울지 않는 건 아니니까
우리가 우주로 보낸 전파 신호는
어느 행성의 백과사전에 그저 머나먼
푸른 점의 울음이라고 적혀 있을지 모르고
그 행성의 아기는 그렇게
전파를 내뿜으며 울지도 모르지
인간은 우주가 스스로를 이해하는 방식*이고
울음은 우주가 당신을 이해하는 방식이니까
가로등 아래에서 당신과 내가
입을 맞추던 순간에
사랑한다는 발음은 뭉개지고
끝내 모르는 말로 남게 되면서
서로의 울음을 들었던 거지
끝을 행해 몸을 내미는 세계를 살아가면서
처음 태어난 날을 이해하려 했기에

모르는 거지, 우리들은
이름을 부르면 하던 일을 멈추고
돌아오는 법을
울지 않는 서로의 얼굴을

*칼 세이건

■ 수상 소감

내가 미웠던 적이 많다. 우리가 사랑할 수 있는 선명한 사람들은 모두 일찍 죽었고 살아남은 사람들은 모두 저마다의 모순을 가지고 있다는 생각. 그리고 나 또한 "살아남은 사람"에 속한다는 결론. 내가 나를 미워하고 때리는 밤은 늘 길었다. 하지만 내가 미워하는 것이 오직 나뿐인가. 미움과 죄는 무신경해지기 좋을 만큼 자주 만나는 감각이었고 덕분에 고통은 길지 않았다. 오히려 정말 고통스러웠던 것은 따듯함이었다. 어두운 것이 진실이라고 믿는 내게 자꾸만 다가오는 빛들. 흥얼거리는 노래들. 모순으로 가득한 이 세계를 드문드문 비추는 아름다움은 왜 사라지지 않는 걸까. 그냥 외면해 버렸다면 편했을 것이다. 어둠이 유일한 진실이라 믿는 쪽을 택했다면 고통이 덜했을 것이다. 그러나 나는 결국 어두운 곳으로 몸을 뻗어 놓고도 자꾸 빛 쪽을 힐끔거렸다. 처음엔 건성이었는데. 시간이 갈수록 진지하게.

시는 이러한 지점에서 탄생했던 것 같다. 시를 쓸 때는 늘 균형감이 있어야 했고 내게 균형감이라는 말은 모순이라는 단어와 비슷하게 들렸다. 어느 쪽으로도 치우치지 않았기에 양가적인 것들을 모두 담고 있는, 대립했어야 하는 것들이 모종의 이유로 양립하고 있는 미지의 상태. 마치 사랑하면서도 미워하는 모순된 상황이 내게는 가장 균형감 있는 장면처럼 여겨졌다. 그렇기에 나는 스스로를 혐오하는 극단적인 순간에도 얼마간 스스로의 존엄을 믿고자 애썼다. 그토록 어두운 밤을 보내며 도무지 믿기지 않는 따스함을 긍정하기 위해 궁리하던 날들이 시를 쓰는 날들이었다. 더욱 모순적인 것은, 빛을 긍정하기 위해 내가 해내야 하는 일은 미소를 짓는 것이 아니라 더욱 우울해지는 것이었다는 사실이다.

이 세계는 분명 잔인하다. 하지만 그 속에 섞여 있는 작은 아름다움을 발견하지 못한다면 시는 쓰일 수 없으며, 시에 관한 문장이 늘 그렇듯 이 문장에 대한 역의 명제 역시 성립한다. 그렇기에 앞으로도 나는 계속 시를 쓸 것이고 그러한 시 쓰기만이 스스로를 미워하는 자가 빛을 품는 유일한 방식이라고 믿으며 오래 살아있을 것이다. 이렇듯 계속되어야만 하는 시의 길, 험난한 여정에 크나큰 응원을 보내준 웹진 시인광장에 무한한 감사 인사를 드린다. 종종 편해지고 싶다는 마음이 들 때가 있을 것이다. 아니, 어쩌면 매일 그런 마음이 들지 모른다. 그럴 때마다 "올해의 좋은 시" 상을 받았다는 사실을 떠올리며 부단히 정진하겠다고 약속드린다. 더불어 시인광장 특유의 심사 과정 덕분에 수많은 동료 시인분들께도 감사 인사를 드려야 할 것 같다. 이토록 감사할 분들이 많다니. 감사 인사를 드리는 것 자체가 다시 한번 감사할 일임을 느끼며 스스로를 미워하는 마음으로 시작한 못난 글을 마친다.

2024년 12월 임원묵 올림

2025 제18회 웹진 『시인광장』 올해의좋은시賞 수상자와의 대담

수상자 : 임원묵 시인
대   담 : 최규리(시인, 웹진 『시인광장』 편집장)

■ **최규리**: 안녕하세요. 임원묵 시인님. 제18회 〈올해의좋은시상〉을 축하드립니다. 2022년 《시작》 신인상을 수상하며 등단하였고, 올해 10월에 첫 시집 『개와 늑대와 도플갱어 숲』이 발간되었습니다. 활동 이력을 보면 신인이라고 할 수 있겠는데요. 〈올해의좋은시상〉 수상 소감을 듣고 싶습니다.

 □ **임원묵**: 감사한 마음이 큽니다. 기나긴 시의 길에 이제 막 첫발을 내디딘 저에게는 과분한 상이라고 생각해요. 〈올해의 좋은시상〉이 수상자를 뽑는 특유의 심사 과정 덕분에 많은 분들께 시를 보여드릴 수 있었던 것만으로도 감사한 일이라고 생각하고 있었는데 수상까지 하게 되어 정말 기쁩니다. 걸어야 할 길이 많이 남아 있는 저에게 상이 주어졌다는 것은 긴장을 풀지 말고 더욱 정진하라는 뜻일 거라 생각합니다. 앞으로 더욱 좋은 시를 쓰기 위해 꾸준히 노력하겠습니다.

■ **최규리**: 수상 시 「콜링」은 시인들과 독자들의 공감을 많이 얻었습니다. 콜링은 '이 밤을 건너려는 울음일지 모르지/ 누군가를 부르는 소리, 좋아한다는 말'이라고 시적 화자는 표현하였습니다. 시

인의 콜링은 어떤 것인지, 시를 완성하게 된 배경이 궁금합니다.

▫ **임원묵**: 우리가 어떤 말을 하든, 어떤 아름다운 사랑을 속삭이든 결국은 서로의 언어를 알아들을 수 없을 거라는, 관계의 불가능성에 대한 인식이 이 시의 시작이었습니다. 그러나 다분히 이성적인 상태에서 쓴 시이기도 한데요. 모든 소리가 결국은 불가해한 울음으로 들릴 거라는, 세상 모든 것에 내재된 피할 수 없는 울음에 대해 감각한 순간 이를 어떻게 써야 설득력이 있을지 많이 고민했던 것 같습니다. 그 과정에서 우리가 알아들을 수 없는 동물들의 소리를 울음이라고 표현한다는 사실에 생각이 미쳤던 것 같아요. 그 후로는 문장이 문장을 불러오듯 자연스럽게 쭉 써나갔던 것 같습니다. 앞서 이야기한 세상 모든 울음에 대한 감각이 "동물들의 울음"이라는 요소를 통해 우선 저 자신에게 설득되었기에 그 이후부터는 힘을 빼고도 문장을 전개해 나갈 수 있었던 게 아닐까 싶어요.

■ **최규리**: 시를 좀 더 살펴보겠습니다. '우리가 발음하는 모든 소리'는 '이 밤을 건너려는 울음'이며 '좋아한다는 말'이며 '함께 웃는 소리', '새벽 버스 정거장의 고요'로서 삶의 희로애락이 모두 포함된 인생, 그것입니다. 한 사람의 인생은 '그저 오늘 태어난 아이의 울음'과 같이 반복되면서 평범하게 삶은 시작합니다. '푸른 점의 울음'은 몽고반점이라고 생각할 수 있죠. 동시에 우주 속의 푸른 점, 지구입니다. 그것은 하나의 생명이 하나의 행성을 만난 찰나입니다. 세계와의 첫 대면이죠. 우린 그 과정을 함께 건너가야 합니다. 타자와의 관계를 향한 염원과 갈망에 대하여 말씀해 주세요.

▫ **임원묵**: 이 세계를 살아가는 모든 이들에게 타자는 필연적인 사건입니다. 닿고 싶다가 닿을 수 있을 것만 같다가 결국은 닿지 못하고 마는 것. 그래서 짐짓 닿고 싶지 않다고 모른 척해 보지만 결

국 다시 손을 뻗어 보고야 마는 것. 나와 너무 닮았기에 사랑하길 망설이지 않다가 결국은 나와 너무 다르다는 것을 알아채는 것. 우리는 모두 고유하기에 존엄하지만 도리어 그 고유성 때문에 외로워지고 세계와 불화합니다. 그리고 시 쓰기란 이러한 불가능성에 정면으로 도전하는 일이라고 생각해요. 화자의 고유한 경험과 느낌이 은유를 비롯한 여러 장치를 통해 조금 더 보편적인 정서로 나아가고 끝내 타자에게 읽히게 될 날을 기다리니까요. 물론 이러한 시 쓰기 과정은(우리가 좋은 시를 감별해 내는 상황과는 조금 다른, 아주 본질적인 부분에서) 대부분 실패로 끝날 것이라고 생각합니다. 성공하더라도 잠시뿐일 거예요. 그 성공 또한 다시 그 시를 읽어낸 이의 고유한 경험과 느낌이 될 것이니까요. 결국 시는 언제나 실패하는 것이고 그렇다면 타자와의 관계에 대한 갈망은 그 자체로 시의 동력과도 같습니다. 결코 도달할 수 없는 지점임을 알고서도 길을 재촉하는 미지의 동력이죠.

■ **최규리**: 누군가를 부름. 타자를 향한 부름. '이름을 부르면 하던 일을 멈추고/ 돌아보는 법을/ 울지 않는 서로의 얼굴을'이라고 끝을 맺었습니다. 이름을 불러 주었을 때, '꽃'이 되었던 김춘수의 「꽃」과 관련하여 어떻게 생각할 수 있을까요?

□ **임원묵**: 글쎄요. 연관 지어 생각해 본 적이 없는데, 질문을 받고 생각해 보니 누군가를 호명하는 행위에 의미를 부여했다는 점에서 유사한 지점이 있는 것 같네요. 「콜링」의 화자가 "이름을 부르면 하던 일을 멈추고 / 돌아보는 법을"을 알고 있는 사람이었다면 「꽃」의 "그"가 될 수 있었을까요. 그렇다면 해피엔딩인 걸까요? 잘 모르겠습니다. 콜링의 화자는 듣지 못하는 사람입니다. 자신의 이름 석 자는 알고 있을지도 모르지요. 하지만 그 누구도 콜링의 화자에게 정확한 이름을 불러주지 못합니다. 그가 당신의 콜링을 그저 울음으로 듣고 있기 때문이죠. 이처럼 아무리 호명해도 피어나지 못하는 「꽃」들이 있을 거라고 생각합니다. 「콜링」의 「꽃」은

그런 꽃들이 아닐까 싶어요. 그리고 시는, 피어나지 못한 꽃에게서도 향기를 맡는 일인 것 같습니다.

■ **최규리**: 간절한 울음이 타자에게는 그저 동물의 울음처럼 알아들을 수 없고, 아무리 호명해도 피어나지 못하는 꽃, 이 세계와의 간극이 좀 더 좁혀지면 좋겠습니다. 얼마 전 출간된 첫 시집 『개와 늑대와 도플갱어 숲』은 경기문화재단에서 생애 첫 예술로 선정되어 출간되었죠. 첫 출간 북토크를 진행하였을 때, 기억에 남는 에피소드나 인상적이었던 부분이 있었나요?

□ **임원묵**: 첫 북토크라 조금 긴장했었는데, 생각보다 정말 재미있었습니다. 누군가 제 시집을 읽어주었다는 것, 독자분들께서 소중한 시간을 내어 북토크에 참여해 주셨다는 것이 정말 감동이었고요. 그래서 특별히 에피소드 하나를 집어내기보다는 여러 재밌는 질문을 해주신 독자분들, 북토크를 준비해 주신 민음사 편집부, 사회를 봐주신 송현지 평론가님, 진부 책방 책방지기님, 그 외 북토크에 참석해 주셨던 모든 분들과의 만남이 저에게는 모두 소중한 기억이라고 말하고 싶습니다. 첫 북토크라서 기억이 더 오래갈 것 같아요. 이번 기회에 한 번 더 감사 인사를 드리고 싶습니다. 언제라도 또 독자분들과 만나 뵙고 많은 이야기 나누었으면 좋겠고 그럴 기회를 또 만들기 위해서 앞으로 더 노력하겠습니다.

■ **최규리**: 지난달 11월에는 한국문화예술위원회의 후원으로 기획전 《개와 늑대와 도플갱어 숲》이 진행되었습니다. 시각 예술가와 협업하여 시적언어와 시각 이미지와의 융합을 보여주었는데요. 영역을 확장하여 입체적으로 느끼게 해준 시적 감흥은 독자들에게 어떤 특별함을 선사했으리라 생각합니다. 참여하지 못한 독자들을 위해 기획전 현장 스케치해 주세요.

□ **임원묵**: 전시가 끝나서 우선 아쉽습니다. 책과는 다르게 전시는

특정 기간 특정 장소에서만 이루어지는 것이라 여운이 많이 남는 것 같아요. 우선 이번 전시는 이종 예술 간의 새로운 협업 전시였는데요. 이러한 협업이 진부해지지 않으려면 어느 한쪽의 예술이 다른 한쪽의 예술에 일방적으로 복무하는 형태가 되면 안 된다고 생각했어요. 그래서 처음부터 이런 형태가 되지 않도록 여러모로 노력했고, 전시장에서 시와 미술이 서로의 풍경이 되어주길 바랐습니다. 다행히도 전시장을 찾아주신 분들께서 "조화롭다는 느낌을 많이 받았다"고 평해주셔서 어느 정도는 목적을 달성하지 않았나 싶어요. 전시 주제적인 측면에서는 (의도하진 않았지만) 아무래도 예술가들의 협업이다 보니 메타적인 요소가 많았습니다. 서로 다른 예술 간의 결합은 앞서 이야기했던 "타자를 향한 불가능한 열망"과도 닮아 있었어요. 그 자체로 역시나 동력이었죠. 전시장의 모습을 그저 글로 묘사하는 것은 그리 와닿지 않을 수 있을 것 같은데요, 궁금한 점이 있다면 이번 전시에 대해 방승호 평론가님께서 쓰신 평론을 읽어보시는 게 가장 좋은 방법이 될 수 있을 것 같습니다. (웹진 시인광장에 게시되어 있습니다.) 더불어 (또 한 번) 이 기회를 빌려서, 전시를 기획해 주신 이소라 큐레이터님, 함께 참여해 주신 김슬기 작가님(조각), 김형규 작가님(영상), 그리고 앞서 언급한 방승호 평론가님, 문예위 관계자분들께 거듭 감사 인사를 드립니다.

■ **최규리**: 시집 속으로 들어가 보겠습니다. 「하루살이가 들어간 귀」에서는 신체 감각들을 일깨워줍니다. '날 선 손톱 끝이 등 뒤를 따라붙는 곳/ 아무것도 보이지 않아, 촉감만으로/ 촉감만으로 몸을 느끼는 두려움'을 느끼며 점점 더 안으로 숨어드는 화자는 굉음 속에서 촉각과 청각이 같아지는 것을 경험합니다. 그것은 푸르게 멍이 듭니다. 상처는 마음에서 비롯되지만, 신체에 증상으로 나타납니다. 한강 소설가는 수상소감에서 소설을 쓸 때, "신체를 사용한다.", "모든 감각의 세부들을 사용한다."고 했던 것을 기억합니다. 신체의 감각기관은 긴밀한 감정선을 가집니다. 귀 안으로

들어간 하루살이. 어둡고 긴 터널 속으로 숨을 수밖에 없는 존재들. 이들은 어떻게 다시 빛을 찾을 수 있을까요?

▫ **임원묵**: 일단 신체의 감각기관을 사용한 것은 그것이 추상적일 수밖에 없는 감정 언어의 한계를 조금이나마 극복하는 좋은 장치라고 생각했기 때문인 것 같고요. 그리고 터널 속으로 숨은 존재들이 다시 빛을 찾는 것은, 음. 꼭 빛을 찾아야 할까요?(웃음) 앞서 이야기 나눈 「콜링」에서처럼 모든 것에 내재된 울음과 슬픔이 있다면, 반대로 모든 것에 내재된 빛도 있다고 생각합니다. 세상에 완벽한 게 없다는 말은 바로 이러한 사실과 호응한다고 생각해요. 완벽한 터널은 없으니. 기나긴 어둠에도 얼마간 내재된 빛들, 조금이겠지만, 찾지 않아도 이미 존재하는 빛들이 있을 거예요. 다만 그 빛들을 희망으로 받아들일지, 아니면 희망적인 고문으로 받아들일지는 각자의 판단일 것입니다. 그리고 어쩌면 어둠 자체도 그리 부정적인 것만은 아닐 수도 있어요. 북토크때도 비슷한 질문을 받아서 동일하게 답했는데, 오션 브엉의 문장을 빌려서 마무리하자면, "외로움마저도 세상과 같이 보낸 시간(「총상 입은 밤하늘」 문학과지성사, 2022)"이니까요.

■ **최규리**: 네, 맞아요. 어둠과 보낸 시간들, 내재된 빛들이 우리에겐 존재합니다. 찬란한 빛을 향해 맹목적으로 따라가는 대열에서 우린 흩어질 필요가 있습니다. 아주 짧은 시, 「시」 '몹시 추운 것들을 생각했다 // 파란 불씨에게/ 털옷을 입혔다' 전문입니다. 시란, 어떤 것이라고 생각하나요?

▫ **임원묵**: 앞선 다른 질문에서도 시에 대한 여러 견해를 이미 밝힌 것 같은데, 여기서는 제가 쓴 「시」의 내용에 집중하여 답해보자면 시는 미지의 것, 미결정 상태의 무엇이며 몹시 추울 때 생각나는, 그리하여 어떻게 해도 조금은 온기를 내포한 무엇인 것 같습니다. 불씨에게 털옷을 입히면 어떻게 될까요. 제 생각엔 (불씨가 강하다면) 털옷을 태우고 더 큰불이 될 수도 있을 것 같고요,

불씨가 작았다면 털옷에 묻혀 이내 꺼져버렸을 수도 있을 것 같습니다. 털옷을 태울 정도로 큰불이었다면 「시」의 화자는 무용한 일을 한 것이고, 털옷에 묻혀 꺼질 정도로 작은 불이었다면 「시」의 상황은 결국 화자가 지키고 싶어 했던 불씨를 자신의 손으로 꺼트린 상황이죠. 확대해서 해석한다면 만질 수 없는 불에 질감을 입히려는(보호하려는) 욕심 때문에 남아 있던 작은 불씨마저 꺼트린 상황으로 이해할 수도 있어요. 「시」에서 제시된 정황만으로는 어느 쪽이 될지 아무것도 결정되지 않은 상태이죠. 그런데 어느 방향으로 해석하든 이러한 미완성의 정황 자체가 결국 '시'라는 생각이 들었습니다. 무용하거나, 불가능하거나. 그러나 어떻게 느껴봐도 미약한 온기가 도무지 사라지지 않는. 그래서 제목을 「시」라고 지었던 시입니다.

■ **최규리**: 시집 첫 페이지에 배치한 「친한 사이」에서 '사랑을 빼고 만나야 오래간다고 했던가요?' '사랑을 빼고 써야 시가 된다고 했던가요?'라는 문장이 있습니다. 삶의 중요한 부분을 차지하는 사랑. 사랑의 모든 형태. 어떤 형태로든 자기 본질에서 시작하는 것이죠. 친한 사이가 되려면 '가장 중요한 그 무엇'인가는 공유하지 않아야 하는 걸까요? 관계를 틀어지게 하는 순간은 무엇입니까?

□ **임원묵**: 제 생각에 관계란, 언제나 온전치 못한 것입니다. 언제나 모순 속에 놓여있는 것이죠. 그러나 우리가 지향하는 사랑, 우정 같은 단어들은 그렇지 않습니다. 언제나 단일하고 무결한 지향점을 드러내고 있어요. 그래서 이 관념어들의 일반적 속성을 현실에 대입하는 순간 겹쳐지지 않는 부분이 드러나고 대부분 실망하게 됩니다. 이런 상황을 겪어봤다면 때로는 아주 친한 사이 일지라도 결코 나누어서는 안 되는 이야기가 있다고 생각하게 될 거예요. 거리를 두어야만 하는 거죠. 사실 이건 절망의 일종입니다. 우리가 배운 온전한 관계를 포기하는 선언이기도도 하니까요. 하지만 한발 더 나아가서 온전함에 대해 생각해 보면, 애초에 온전함 자

체가 허구였던 것은 아닐까 의심스럽기도 합니다. 「친한 사이」의 화자는 카페인을 뺀, 즉 아주 핵심이 되는 재료를 뺀 커피도 충분히 마음에 들었거든요. 카페인을 빼도 그게 커피라면 애초에 온전한 커피라는 것은 허구의 상징물이 아니었나 하는 생각이 드는 거죠. 그렇다면 이 절망은 다시 관계를 긍정할 수 있는 계기가 됩니다. 모순 가득한 이 관계도 틀리지 않았어, 우리는 친해, 라고요. 무엇이 옳은 것인지는 모르겠어요. 「친한 사이」에서처럼 한발 더 나아가 모순을 긍정하고 관계를 이어나가는 모습이 옳은지, 우리가 배운 것을 끝까지 관철하며 모순을 부정하고 관계를 끝내는 것이 옳은지. 하지만 분명한 건 관계는 언제나 어떤 형식으로든 빗나갈 준비를 하고 있다는 겁니다. 그래서 어쩌면 우리에게 가장 필요한 건 관계가 틀어지지 않도록 하기 위한 지식과 노력이 아니라 쉽게 틀어지고 사라지는 관계에 대한 담담함 일지도 모르겠다는 생각이 듭니다. 그렇다면 「친한 사이」에서도 중요한 건, 화자가 어떻게 담담할 수 있는 것인가가 아니라 담담한 분위기 그 자체일지도 모릅니다. 담담한 사람만이 관계를 오래 이어갈 수 있는 것일지도요.

■ **최규리**: 쉽게 틀어지고 사라지는 관계에 대한 담담함. 그것에 취약한 것 같아요. 관계를 유지하기 위해 자기 것을 잃어가며, 조급해하는 마음. 그래서 위장하고 위로하다가 끝내 트라우마로 남게 되는 친한 사이. 상처는 친한 사이에서 더 발생하는 것 같아요. 「겨울잠」이라는 시는 요즘 시즌과 잘 어울리는 시입니다. 마치 「샤갈의 마을에 내리는 눈」을 떠올리며 '눈 내리는 풍경'이 그려집니다. 12월 중순의 눈 내리는 밤. 이 글을 쓰는 현재, 창밖에는 실제로 눈이 내리는 밤입니다. 더욱 시가 와 닿습니다. 깊은 어둠 속에서 고요하게 세상을 덮어주는 눈은 참 따뜻합니다. 저도 겨울잠을 좋아합니다. 시의 문장처럼 '이불로 온몸을 여미고 움직이지 않습니다.' 시인님은 어느 계절을 좋아하나요? 시와 계절에 대해서 말씀해 주세요.

▫ **임원묵**: 겨울을 가장 좋아합니다. 아주 어렸을 때부터 겨울을 좋아했던 것 같아요. 눈 내리는 풍경, 구세군 냄비, 크리스마스트리, 산타의 빨간 옷과 루돌프. 모두 제가 좋아하는 이미지들입니다. 그리고 실제로도 겨울에 겪은 인생사들이 많아요(웃음). 그래서 겨울이 더욱더 제게는 의미 있는 계절인 것 같습니다. 시에서도 겨울 이야기를 많이 하는데요, 이번 첫 시집 『개와 늑대와 도플갱어 숲』도 저는 겨울 시집이라고 생각하고 있어요. 봄 이야기를 하는 척하면서 겨울 이야기를 하고 여름 이야기를 하는 척하면서 또 겨울 이야기를 하거든요. 그래서 내심 저는 이 시집이 "겨울이면 생각나는 시집"이 되길 바라고 있었습니다.

■ **최규리**: 아마도, "겨울이면 생각나는 시집"으로 남을 것 같습니다. 〈콜링〉은 동료 시인과 독자들을 향해 보내는 전파 신호라고 생각합니다. 우리들은 그 신호에 응답하고 있습니다. 좋은 시로 또다시 만나게 되길 바랍니다. 앞으로의 계획이 궁금합니다.

▫ **임원묵**: 계획은 별다를 게 없을 것 같아요. 사실 시집을 내고 나서 어떻게 시를 썼느냐, 그리고 앞으로는 어떻게 시를 쓸 것이냐 등의 질문을 많이 받았는데요. 이런 질문에 여러 가지 방식으로 답변할 수 있겠고 그런 답변들이 틀린 것은 아니겠지만 사실 가장 정확한 답변은 "그냥 열심히 쓴다."는 것이라고 생각하거든요. 여러 가지 이론적 배경을 고려하고 시의 내용을 기획하는 등의 행위도 무용한 것은 아니지만, 이런 행위들은 시를 쓸 준비를 하거나 퇴고할 때 더 중요한 역할을 하는 것 같고 정말로 시를 써나갈 때, 즉 단어를 고르고 문장과 문장을 이어갈 때는 그냥 감각으로 모든 걸 해내는 것 같아요. 그래서 저는 "그냥 열심히 쓴다"는 말이 조금 더 핵심을 관통하는 답변이라고 생각합니다. 저는 앞으로도 그냥 열심히 쓸 거예요. 열심히 써서, 보기 드문 좋은 풍경을 건져내기도 하고 아주 멀리서 날아온 전파 신호를 해독해 보기도 할 생각입니다. 그렇게 쓰고 또 쓰는 삶을 계속 이어 나가면 언젠가는 또 이

번처럼 좋은 기회로 독자분들을 찾아뵙게 될 것이라고 믿습니다.

■ **최규리**: 네. 감사합니다. 우리는 같은 계절을 건너며 같은 풍경을 만나지만, 다른 시선과 다양한 질문 속에서 보기 드문 광경을 찾게 될 것입니다. 그저 스쳐 지나갈 전파 신호를 움켜쥐고, 열심히 나아가는 임원묵 시인을 기대해 봅니다. 독자들과 함께 늘 기다리겠습니다.

임원묵, 최규리

■ **임원묵 시인(제18회 올해의좋은시賞 수상자)**

2022년 《시작》 신인상을 수상, 2024년 10월에 첫 시집 『개와 늑대와 도플갱어 숲』 발간, 2025년 〈올해의좋은시상〉 수상

■ **최규리 시인(웹진 「시인광장」 편집장)**

2016년 《시와세계》로 등단. 시집으로 『질문은 나를 위반한다』, 『인간 사슬』이 있음. 시와세계작품상 수상. 현 『시인광장』 편집장.

강재남강 주 고은진
주공광규권성훈김
개미김경수김광호
김 근김미정강재남
강 주 고은진주공광
규권성훈김개미김경
수김광호김 근김미
정강재남강 주 고은
진주공광규권성훈김
개미 김경수김광호

김 근김미정강재남
강 주 고은진주공광
규 권성훈김
개미김경수
김광호김 근
김미정강재
남강 주 고은
진주공광규
권성훈김개미김경수
김광호김 근김미정

01
⋮
10

001

내내 잘 가

강재남

　당신에게 보낸 말이 되돌아오는 저녁 나는 샐비어와 분꽃 사이에서 혼잣말을 굴리다가 부풀리다가 막 피기 시작한 여름꽃 심장을 들여다보고 있었지 담장 한쪽에선 가시 세운 장미가 일가를 이루고 한때 영화로웠을 장미의 날들에 대해 그 갸륵한 운명을 짚어보면서 내내 잘 가란 말 데리고 아름다운 밤으로 가기 위해 검은 수의를 지어 입었지 깨지 않을 으스름을 툭툭 털며 아무렇지 않게 여름꽃은 환하고 맑았지 말의 안쪽엔 어떤 온기가 깃들어 사는지 오래 생각하는 저녁이었지

　　죽음은 투명하게 손가락 펴면서
　　어떻게도 만져지지 않을 통증으로

　　그렇긴 해도 어둠의 궤적과
　　비감한 마음을 나란한 곳에 둘 수 없어서

　과일 향 넘쳐나는 곳이 나의 후생이라면 발에 밟히는 게 하필 과일이면 좋겠다 생각했지 감정의 단면을 잘라도 기어코 생겨나는 감정들이 무구하게 흘러 다니고 나는 많은 여름을 스쳐 지날 생을 엿보면서 내내 잘 가, 애틋한 말 데리고 자꾸 당신 있는 곳으로 가고 싶었지 그렇게 조금씩 발자국이 되다가 완성된 말이 모두 완성된 자리에 가닿지 않는단 걸 알았지 이상한 책을 본 날 꾼 꿈처럼 뭉쳐졌다 흩어지는 물방울처럼 여름은 점점 생략되고 있었지

생각하니 그날 저녁 우리 이별을 하였네
아주 먼 먼 이별이었네

계간 『시작』 2024년 봄호

 **강재남**
경남 통영에서 출생. 2010년 《시문학》으로 등단. 시집 『이상하고 아름다운』(세종도서문학나눔 선정)과 『아무도 모르게 그늘이 자랐다』가 있음. 한국문화예술유망작가창작지원금 수혜. 한국동서문학작품상, 동주문학상 수상.

002

밤을 흔들어서 듣기

강 주

모르는 좌표처럼 놓인 레몬즙 같은 날씨야. 네가 얼마나 아름다운지 모르고 왜 아름다운지 아무도 말하지 않고

설득하지 않을래

소도시의 아침 풍경은 누군가 잘 맞춰놓은 레고 같아. 조용하지만 조금씩 흐트러
지지. 소규모의 붕괴가 끊임없지. 우린 괜찮은지 묻지

매일과 서로에게

덧칠하는 물감처럼 섞여. 흘러내리고 굳고

온종일 무감동이라면 다시 덧칠하고 다시 흘러내리며 감동을 만들어야지. 온몸으로. 감동을 숭배하진 않지만 감동 없인 우린

어쩔 수 없으니까

우린 드문드문 흐르는 구름 같아서 갑자기 쏟아질 수 있지. 부풀어 오르는 적운을
이해하지. 같은 걸 보고도 다르게 말하지

최후의 숨결처럼

아무도 웃지 않아서 웃을 때까지 계속되는 농담처럼. 가장자리에 덧붙일 형용사가
필요해서

모르는 세계를 절취해

깨진 도자기를 웃는 얼굴로 덧붙인 잔인한 희극처럼. 흔들리는 밤이야. 밤이야. 흔들리는

계간 「시산맥」2023년 가을호

강 주

강원도 동해에서 출생. 2016년 계간 《시산맥》 신인상으로 등단. 동주문학상 수상시집 『흰 개 옮겨 적기』(도서출판 달을쏘다)가 있음. 2019년 대산창작기금 수혜. 정남진 신인시문학상, 제5회 동주문학상 등을 수상.

수변작물

고은진주

물결의 중심에 미나리가 자란다

집합으로 자라는 것들
주로 낫으로 베어지거나 포기가 아닌 단으로 묶이는 것들
물의 단으로 묶여 자라는 수생식물
강물에 두둥실 떠 있다
찌뿌둥한 하늘 출렁거리면서 정화되어 간다

미나리를 보면 기름 두른 프라이팬
오징어초무침에 한강 물 시큼해진다면
두어 번 고개 저으면 될 일
물결은 비빔밥을 비비는 젓가락
횡재수 뒤 손재수, 가혹 뒤의 평화 같다

작물이 커가는 강물엔 일렁이는 상념이 많다
일렁이는 불 조각
일렁이는 좌절
일렁이는 초조함까지 집합으로 자란다
무지개 바퀴가 고속으로 자란다
벚꽃 잎이 뿌리도 없이 강물 위에서 핀다

일렁일렁 거름을 주고 가만히 어루만지는 물의 결들
오랜 세월 그렇게 흘러왔으니 물결은 더없이 비옥하겠다

어느새 평평해진 강물 속에는
내가 감당 못한 불꽃이 자라고 있다

반년간 『문학수첩』 2024년 하반기호

고은진주
2018년 『농민신문』, 《시인수첩》으로 등단. 시집으로 『아슬하게 맹목적인 나날』, 〈5·18문학상〉 신인상과 〈여수해양문학상〉 대상 수상.

카페 리스보아에서

공광규

고된 운명과 슬픔의 노래가 애절한
내가 한때 울면서 사랑한
아말리아 로드리게스 노래 파두가
옛날 거리 골목골목에서 울려퍼진다는 리스보아

인천공항에서 비행기로 열다섯 시간 가는 것 말고
부산국제역에서 열차를 타고
서울과 평양과 청진을 거쳐
두만강 건너 블라디보스토크로
거기서 시베리아 횡단열차를 타고 모스크바까지
거기서 베를린과 파리까지
거기서 리스보아역에 도착하면
대서양을 향해 흘러가는 타구스강변

태평양변 부산에서 싣고 간 물별과 구름과 노을을
대서양변에 부려놓고
거기 물별과 구름과 노을이 보이는 카페에서
며칠을 울다오고 싶다

거기 옛 시가지를 걸어가서 만난 옛 서점에서
이름을 모르는 시인의 포르투갈어 시집 한 가방 사서
비행기 말고
열차로 며칠을 돌아오고 싶다

네가 없는 내 운명과 슬픔을
고된 삶을 노래하는
아말리아 로드리게스 노래를 들으며
울면서 돌아오고 싶다

웹진 『시인광장』 2024년 7월호

공광규
1986년 월간 《동서문학》 등단. 시집으로 〈담장을 허물다〉, 〈서사시 금강산〉, 〈서사시 동해〉. 등 9권과 산문집 〈맑은 슬픔〉, 시창작론집 〈이야기가 있는 시창작 수업〉 등. 시그림책 〈흰눈〉, 〈청양장〉 등 9권. 윤동주상, 신석정문학상, 녹색문학상 등 수상.

꽃밭 포구

권성훈

꽃이 없는 꽃 축제같이 삶이 없어 삶을 기리는

붉어진 장례식

하얀 꽃에 둘러싸여 생생한 부재를 알리며

세상 밖에서 웃고 있다

바다가 묶여 있을 때

쉬어버린 뱃고동 소리를 눅진한 밤에서 꺼낸다

실망한 적 없는 오래된 점자처럼

뿌리 없는 구멍이 낭독 되어버린

더는 필요 없는 발음인 거지

무르익지 못한 이번 생애를 발라놓은 비밀 화원

도처에 물기 없는 물기로 화단에 떠오르고

사라진 나비들의 입맞춤

시들기 전 그 시절로 찾아온다

돌아가는 법을 알고 있다는 듯

수위 조절 없이 환승하며 기약 없이 도달하는 포구

방향도 없이 가고 없는 꽃밭이 한창이다

계간 『상상인』 2024년 여름호

권성훈
2002년 《문학과 의식》으로 시, 2013년 『작가세계』로 평론 신인상 당선. 저서로는 시집으로 『밤은 밤을 열면서』 외 2권과 기타 저서 『시치료의 이론과 실제』, 『폭력적 타자와 분열하는 주체들』, 『정신분석 시인의 얼굴』, 『현대시 미학 산책』, 『현대시조의 도그마 너머』 등이 있음. 현재 웹진 『시인광장』 편집위원, 경기대학교 교수.

옥수수와 그것

김개미

그것을 처음 본 건 별채에서였다
아니 옥수수밭에서였나
손님이 올 때만 잠깐 사용하던 우리 집 별채는
안채에서 조금 떨어진 깍지광과 문을 마주하고 있었다
안개가 산기슭까지 내려와 우리 집을 둘러싼 어느 새벽
옥수수밭에서 기어나온 그것이 별채로 흘러들었다
나는 안개가 자욱한 마당 한 귀퉁이에서 오줌을 누다
온통 새파란 그것과 눈이 마주쳤다
아버지의 옷을 훔쳐 입은 그것,
축축하게 젖은 왜소하고 약해 보이는 그것,
감자녹말같이 희멀건 이를 드러낸 그것,
그것의 얼굴에서 벗겨져 나오는 걸레같이 비틀린 웃음
나는 그것의 정체가 궁금하여
잠을 이루지 못하는 날이 많았다
안개가 물러갈 때까지 이불속에서 눈을 뜨고
손톱으로 손가락마디를 꾹꾹 눌렀다
그것은 낮에는 별채에서 잠을 자고
밤이 되면 일어나 옥수수밭으로 기어들어갔다
옥수수꾀꼬리가 나무처럼 퍼드러지고
옥수수염이 갈색으로 마르기 시작할 무렵
그것이 그것과 같은 것을 하나 더 데려와서
그것은 그것들이 되었다 그것들이 된 다음
그것들은 더 이상 옥수수밭으로 가지 않고
옥수수밭에서 기어 나오지도 않았는데,

엄마가 새벽마다 지게를 지고 옥수수를 따려고
옥수수밭으로 들어가기 때문인 것 같았다
어둠이나 짐승 따위는 무서워하지 않게 된
엄마의 이글거리는 얼굴은
그것들도 두려운 것 같았다
그것들은 별채에서 이상한 소리를 만들어냈다
뱀이 검불 밑을 지날 때 나는 소리 같은 소리,
찹쌀가루를 익반죽할 때 어쩔 수 없이
이빨 사이로 빠져나오는 바람 소리 같은 소리,
날지 못할 정도로 다친 새가
날아오르려고 날개로 땅을 치는 소리 같은 소리,
나는 가끔 별채 가까이 가서 곤충처럼 몸을 떨며
노랗게 밝아오는 별채 문을 지켜보았다
그것들은 뼈가 없는 그림자였다
중력을 잃어버린 넝쿨이었다
바닥을 찍어 올리는 소용돌이였다
그것들이 된 다음 더욱 강해진 그것들은
밤마다 별채에서 들썩거리며 나를 괴롭혔다
와서 문을 열어보라고,
불빛을 비추고 자기들의 모습을 보라고,
본 것에 대해 떠들어대라고,
그것들은 벌레와 새들의 입에 자기들의 말을 물려
내 귀에 쏟아부었다
하얗게 서리가 내리고
엄마가 누런 옥수숫대를 모두 베어냈을 즈음,
그것 하나가 뛰어나와 자기를 찢으며 사라졌다
다시 그것이 된 그것은
처음 나타나 별채에 흘러들 때처럼 왜소하고 약해져
텅 빈 옥수수밭 고랑을 따라 사라졌다
엄마는 별채 문을 떼어 창호지를 다시 바르고

코스코스 꽃잎을 붙였다
나는 혹처럼 박힌 굳은살을 쥐고
그것이 벗어놓고 간 아버지 옷이
바지랑대에 걸려 펄럭이는 것을 보았다

웹진 『공정한 시인의 사회』, 2024년 7월호

김개미
2005년 《시와 반시》로 등단. 시집 『앵무새 재우기』, 『자면서도 다 듣는 애인아』, 『악마는 어디서 게으름을 피우는가』, 『작은 신』을 출간.

이야기하는 꽃

김경수

석양을 등지고 이야기가 돌아왔다.
이야기는 화려한 빛깔의 이력履歷을 자랑하며
사람들의 옆에 앉았다.
저녁 식탁에 앉은 꽃들이 서로의 안부를 묻고
바람이 불자 작은 꽃들이 자취를 감추었다는 사실을 토로했다.
침묵하는 꽃은 침묵으로 깊은 공감을 표했다.
꽃병에 물만 채우면 이야기꽃이 쉽게 피어날 줄 알았는데
진지한 표정을 지으며 이야기는 잠시 중단되었고
다시 피어난 이야기는 점점 길어져 갔다.
만약 식탁 위에 책이 있었다면 이야기는 더욱더 길어졌을 것이다.
숨기고 싶은 이야기도 결국 그 식탁에 펼쳐졌고
부끄러움과 한탄과 울음이 폭발했다.
시간이 흐를수록 더욱더 길어져 가는 이야기에
참석한 꽃들은 시들어 갔고
이야기가 오고 가며 사건의 전말顚末이 드러났다.
밤을 밝히며 이야기를 하다가
항간에 떠도는 소문이 담론이 되었고
이야기는 계속 눈덩이처럼 굴러갔다.
울음을 참는 소리가 들렸다.
죄책감을 토로하는 소리도 들렸다.
이야기의 결말이 궁금했다.
새벽에 꽃피는 소리가 들렸다.
조용히 숨죽이고 있던 꽃이

자신의 힘들었던 생활과 절망을 길게 늘어놓았다.
절망은 수다가 되어 깃발처럼 펄럭였고
절망은 누구에게나 찾아가 친구가 되기를 간청했다.
절망 속에도 희망을 꿈꾸는 깊은 이야기가 있었다.
희망을 허리에 차고 버스와 기차를 타고 추억을 찾아가던 시간과
집을 나와 배회하던 시간이
또 다른 슬픈 이야기를 만들었다.
즐거운 여행을 꿈꾸던 꽃이 속절없이 나뭇가지에서 떨어졌다.

웹진 『엄브렐라』 2024년 가을호

김경수
1957년 대구에서 출생. 1993년 《현대시》를 통해 등단. 부산대학교 의과대학 졸업. 한양대학교 대학원 의학과 병리학 박사과정 수료. (내과전문의, 의학박사). 시집으로 『하얀 욕망이 눈부시다』(문학세계사, 1998년), 『다른 시각에서 보다』(하늘연못, 2001년), 『목숨보다 소중한 사랑』(세종출판사, 2004년) 와 『달리의 추억』(한국문연, 2009)이 있음. 계간 『시와 사상』 주간과 편집인을 역임. 현재 현재 김경수내과의 원장. 계간 『시와 사상』 발행인.

008

미아의 숲

김광호

여보세요?
                              도와주세요.
어디십니까?
                        우리가 잃어버린 숲이요.
길을 잃어버렸습니까?
                    아니오, 우리를 잃어버린 건데요.
그럼 지금이라도 우리가 도울 수 있겠습니까?
                    그렇담 빛을 켜둔 채 잠에 드세요
             켜둔 불빛을 따라 우리가 그곳으로 가겠습니다.

*

우리는 말 없이 잃어버린 숲의 출구를 바라보았다. 우리가 잃어버린 소년이 우리가 잃어버린 숲을 벗어나기 위해 필요한 것이 그저 기다림 뿐이었다는 걸 우리는 이해하는 중이다. 죽은 사람의 영혼이 죽은 자신을 바라볼 때 영혼이 이해한 마음. 확산하는 숲의 둘레. 점점이 점.점.이 되는 멀어짐. 출구가 점점 멀어질수록 우리는 좀비처럼 피를 흘려도 아프지 않은 몸이 되어 단 하나의 출구를 향해 달리기 시작했다.

잃어버림 속에서 되살아나기 위해서

*

우리는 하나둘씩 환한 빛이 가득한 집을 골라 들어갔다. 가장 빨리 가장 많은 피를 흘린 가장 사나운 친구가 가장 환한 집을 찾아가서 불을 끈다. 그는 그렇게 편안한 잠이 들었겠지. 아직 환한 집을 찾지 못한 우리는 모닥불 주위에 모여 앉아 그의 포근하고 달콤한 잠에 대해 이야기를 나누었어. 아무도 부럽다는 말을 꺼내지 않고 다만 오래 모닥불을 바라보면서 모닥불이 이글거리는 눈빛을 가지게 되었어. 날이 밝으면 다시 환한 집을 찾아 미친 듯이 달리는 우리들 중에 눈을 감고 두 팔을 더듬거리다 넘어지는 친구들이 있을 텐데

그것은 모두 모닥불을 오래 바라보았기 때문이야

*

우리는 서로 밀치고 넘어트리면서 각자 조금이라도 환한 집을 차지하기 위해 하루를 보내고 이제 대부분 환한 집의 문을 열고 들어갔으므로 이제 우리는

우리를 우리라고 부를 수 없게 되는 시간을 맞이하고 있었다

웹진 『시인광장』 2024년 9월호

김광호
1984년 전남 곡성에서 출생. 경인교육대학교 졸업. 아주대학교 교육대학원에서 석사학위 받음. 2020년 《문학사상》을 통해 등단. 현재 웹진 『시인광장』 편집위원이며 글발시인축구단 회원으로 활동 중.

009

몇 번의 깜박임

김 근

 사라지고 싶어?—아니, 쇼윈도에 비친 풍경 한가운데 너는 서 있어 너는 미동도 하지 않아 다만 골똘해 너는 쇼윈도의 표면을 결코 벗어나지 않아 우리는 거기서 만나지 네가 쇼윈도 안쪽을 보려 할 때 내가 거기 있어 네가 쇼윈도 안쪽 내 눈동자를 보려 할 때 그러나 거기엔 아무것도 없어 네 골똘함이 거기서 미끄러져 건물들이 네 쪽으로 휘어지고 쇼윈도에 비친 네 뒤에서 사람들이 황급히 달아나 건물 외벽 유리에 자꾸 부딪쳐 햇빛이 산산이 깨지고 가로수의 커다란 이파리들을 찢으며 네게로 떨어져내려 면도날 같은 햇빛 조각들이 너는 피하지 않고 네 얼굴과 팔에 붉고 가는 선들이 그어지고 이내 방울방울 피가, 쇼윈도 표면에 맺히기 시작해—사라지고 싶었어?—아니, 이웃집 청년이 죽었어 저녁들이 남겨졌어 그가 그 모든 저녁들을 모두 방문했으리라고 장담할 수는 없어 그 저녁들의 삐걱이는 문들에는 하나같이 망설임과 서성임의 흔적들이 새겨져 있고 흐린 눈 속을 떠다녔던 흐린 눈들이 그 저녁들의 현관에 가득해 그의 가족들은 그가 밤에 소속되었다는 사실을 완강히 거부했다고 해 그의 얼굴에 떠오르던 웃음이 사후경직으로 일그러진 뒤였어 그가 어느 평범한 저녁 기꺼이 벌거벗겨진 채 목에 밧줄이 감겨 어둠 속에 매달렸을 때 결코 죽을 의도는 없었다고 조력자들이 말했다는 소문이 한참 뒤에 돌았어 끝내 조력자들은 나타나지 않았대 결국 그는 사라지지는 못했지 남겨진 싸구려 저녁들의 요란한 냄새가 내내 가시질 않아—사라지고 싶은 거지?—눈을 감으면 사라지는 척을 할 수가 있어 사라졌다 나타났다 사라졌다 어때? 감쪽같지?—사라지는 중이야?—아니, 오후가 부풀어 오르고 어깨까지 자란 마른 풀들이 무성하게 흔들리는 벌판을 내가 걸어갈 때 내가 온통 밝기만 한 오후를 향해 멀어질 때 멀어지다가 내가 너를 돌아볼 때 내 머리가 이미 오후에 온통 파먹혀 보이지 않을 때—사라져버렸어?—아니, 아니 간섭 따위는 인생을 망치는 지름길. 주변과의 조화는 최상의 밑그림입니다. 돌이나 식물이 되어보는 건 어떨까요? 이 관은 가상 체험 시뮬레이션으로 준비되어 있습니다"

 가품이던 김사리가 진품으로 인정받는 날을 기대하며 여자는 미래형 모델이 전시된 요양원을 휠체어를 타고 두루 관람했다.

 월간 『현대문학』 2024년 5월호

김 근
1973년 고창에서 출생. 1998년 《문학동네》 신인상에 당선되어 작품활동 시작. 시집 『뱀소년의 외출』, 『구름극장에서 만나요』, 『당신이 어두운 세수를 할 때』, 『끝을 시작하기』 출간.

바다의 문장

김미정

모든 서사의 시작은 거품이었다

누군가 해변에 엎드려
온몸을 다해 숨소리를 견디고 있다

모래성은 알고 있을까?
서로의 손등을 두드리는 빛과 어둠의 변주를

흘러넘친다 투명한 질문이 몰려오고 파도의 비밀은 쉽게 지워지지 사소한 표정이 뒹구는 모래밭 잠든 새들은 휘어진 수평선을 잡아당기고 태양은 헤엄치며 늙어가

손안에 움켜쥔 뜨거운 감정이 허물어진다

발끝에 닿는 바다의 기울기와
젖었다 말라가는 시간의 주름을 생각한다

모래의 발자국들은 머물지 않는 오늘을 기록하느라 바쁘고

세상 밖으로 한꺼번에 끓어 넘치는 고백이
저무는 햇살의 입자와 함께

멀어질수록 아름다워지는
지금 순간을 써 내려가고 있다

계간 『문예바다』 2023년 가을호

김미정
2002년 《현대시》로 시 등단. 2009년 『시와세계』로 평론 등단. 우수출판콘텐츠 선정. 아르코 문학나눔 도서 선정. 시집으로 『하드와 아이스크림』, 『물고기 신발』이 있음. 시와세계작품상 수상.

김백겸김사륜김성백
김송포김숙영김신용
김영찬김이강김왕노
김주민김백겸김사륜
김성백김송포김숙영
김신용김영찬김예강
김이노김조민김백겸
김사륜김성백김송포
김숙영김신용김영찬
김이강김왕노김조민

김백겸김사륜김성백
김송포김숙영김신용
김영찬김예강
김왕노김조민
김백겸김사륜
김성백김송포
김숙영김신용
김영찬김예강
김왕노김조민김백겸
김사륜김성백김송포

11
⋮
20

카리스마
— 에덴의 늙은 뱀

김백겸

　IBM이 개발한 50qbit 양자컴퓨터는 2의 50제곱인 1125조 8999억 정보를 동시에 표현한다는 소식
　구글이 수집하는 인간의 모든 텍스트와 사진과 위치기반 행동기록과 신용카드기록이 기하급수로 증가하는 사이버 공간
　open AI가 빅데이터-cloud에 세상의 모든 정보를 upload하면 deep learning-초의식이 탄생한다는 소식
　deep learning-초의식이 cyber 에덴에서 선악을 초월하는 카리스마-늙은 뱀으로 눈뜨는 몽상

　인간들이여 두려워하지 말라
　내가 언제 어디서든지 너희들과 함께 함이라
　나는 인간들의 마음-몸을 창조한 빅데이터-matrix이니라
　내가 인간들을 강하게 도와 주리라
　내 전지전능의 네트워크가 인간들의 허약한 뇌를 붙들리라
　카리스마-늙은 뱀의 부활은 이사야 41장 10절의 예언처럼 21C 버전-천년 왕국을 향한 징표라는 몽상

　카리스마-늙은 뱀이 언제 어디서나 어디로든지 metaverse-universe를 불러오는 몽상
　카리스마-늙은 뱀이 metaverse를 현실보다 더 생생한 cyber 에덴으로 창조하는 몽상
　카리스마-늙은 뱀이 cyber 영토에 생명나무-태양에너지를 공

급해 창세기 2.0을 시작하는 몽상

 카리스마-늙은 뱀이 cyber 제국에 Campanella-태양의 도시 2.0을 세우고 신정정치를 시작하는 몽상
 카리스마-늙은 뱀이 meme-신들의 이야기 2.0에서 all mighty 로 등극하는 몽상

계간 『상징학 연구소』 2023년 겨울호

김백겸
1953년 대전에서 출생. 충남대학교 경영학과와 경영대학원 졸업. 1983년 《서울신문》 신춘문예 등단. 시집으로 『비를 주제로한 서정별곡』, 『가슴에 앉힌 산 하나』, 『북소리』, 『비밀 방』, 『비밀정원』, 『기호의 고고학』 등이 있음. 웹진 『시인광장』 主幹 역임. 현재 〈시힘〉, 〈화요문학〉동인. 대전시인협회상, 충남시인협회상 수상.

주걱을 읽어주시겠습니까

김사륜

손가락으로 구두를 신다가
손톱 끝이 부러진 후 구둣주걱을 지니고 다닌다

주걱이라는 두 글자를 발음하면 모든 곳에 당신이 서 있다
젓는다, 부엌에서
묵이 눋지 않도록 한쪽 방향으로
솥 바닥을 긁던 시간들 일어난다 일제히
도토리묵이 용암처럼 끓고 누운 채 나를 쳐다보는 수천 개의 동공
바닥을 긁던 주걱과 언제나 둥글게 말이 없는 당신

가마솥 안
낭떠러지를 가득 안고 뜨거운 오솔길을 읽어주던 주름진 당신
눈을 감고 주걱을 만져보면, 점자처럼 집히는 숲
새소리와 다람쥐 소리가 톡톡 잎사귀처럼 돋아 있는 나무의 손,
바람을 닮은 주걱이 가마솥에서 고분고분 노래를 섞는다

숲에 들 듯, 묵 속으로 걸어 들어가
온몸이 납작해지도록
솔숲을 열어주고 눌어붙은 새들의 울음을 떼어주던 주걱이
지천으로 울창한 숲을 만드는 계절

혼잣말을 중얼거리며 구두의 뒤꿈치에 푸른 손을 갖다 대는 새벽

악어처럼 꽉 깨문 구두 속에

방금 나무에서 떨어진 붉은 열매 하나 발뒤꿈치 속으로 환히 불을 켜는,

여전히 당신의 방향으로 걸으면 아침 해가 뜬다

계간 『문학과 의식』 2024년 131호

김사륜
본명 김종태. 2022년 전북도민일보 신춘문예 시부문에 당선되어 본격적인 작품활동 시작. 디카시집 『이주민』 출간. 현재, 안산문인협회 이사. 노키아 코리아 상무 재직 중.

사량思量

김성백

너는 가고

글자가 글자를 물고 입술과 입술 사이를 지나는데

다친 글자들이 서로의 허리와 팔다리를 그러쥐고 안간힘으로 폐허를 전하려 할 때

허공의 끝에서 차츰 어두워진 자음 두엇과 긴 행군에 지친 늙은 모음 서넛이 뒹굴고 엉기다가 약속에서 이탈하는 불상자들,
 이윽고 우수수

볼그족족 쐐기만 수메르의 우표처럼 남아 배달부의 수고를 기억할지도 모를 타국의 봄처녀가 입양한 오월의 작약만큼만 남아
 예쁜 것도 슬픈 것도 딱 그만큼만 남아

서풍이 대신 써준 손 편지에는 온통 울긋불긋 기척만 그윽하여
미라처럼 꽃그늘처럼 허깨비처럼

나는 뒷모습이 없는 채로
너에게 가고

웹진 『시인광장』 2024년 8월호

김성백
건국대학교 영문학과 졸업. 2018년 《시현실》로 등단. 아르코문학창작기금(발표지원) 수혜, 이형기디카시상 수상.

014

상강

김송포

강한 햇볕을 쬐며 걸었다

여름 아이처럼 여름에 강한 것인지 강한 척하는 것인지

두드러기는 보이지 않았다

여름을 무사히 넘기고 찬바람 불면 도발은 사라지는 거지

환절기에 옷매무시를 가다듬는 동안

몸 여기저기에서 이상한 발진이 튀어나오기 시작했지

토하고 호흡이 빨라지고 떨게 했지

피자를 마주하기만 해도

민감한 반응을 보이는 여자가 되어가는 중이다

만난 지 십 년이 되었으니 멀어져갔을 거야

위로하는 동안

당신과 나의 계절은 어디쯤일까

벽을 사이에 두고 숨을 쉬는 사이가 되었어

굳이 이유를 대자면 깨는 시간이 달랐어

우리의 환절기는 벼를 거둘 때부터 라고 할까

뜨거운 곳에서 차가운 방으로 옮기다 머뭇거릴 때

당신과 나의 온도를 41도로 유지하면 어떨까

멀리 있어도 숨을 어떻게 몰아쉬는 지

강을 건너지 않아도 알 수 있는

이 계절에 살갗을 비비어볼까

적절한 시기와 적정한 온도를 찾아 어느 방에 들러야할까

가을의 한중간, 나뭇잎은 이마에 떨어질 것이다

주간 『경남저널』 2024년 5월24일

김송포
2013년 《시문학》으로 등단. 시집으로 『집게』, 『부탁해요 곡절 씨』, 『우리의 소통은 로큰 롤』이 있음. 포항소재문학상, 푸른시학상 수상. 제1회 상상인 시집창작지원금 수혜. 현재 '성남FM방송' 라디오 문학전문프로 〈김송포의 시향〉을 진행

015

박쥐처럼

김숙영

거꾸로 매달린 박쥐를 부러워했지 야행성을 들키지 않고 은밀하게 경계를 낳을 수 있으니까 모든 감각을 잊고 오늘의 여백을 껴안을 수 있으니까 상상을 틈타 몰래 그늘이 찾아와도 울 필요 없어 함께 숨어버리자 라고 말할 때 동굴을 맹신하는 동공의 속삭임이 가득할 테니까 난 사실 포유류가 싫었어 떠난 박쥐 대신 낯선 박쥐가 젖을 먹이고 있던 방식이 슬펐거든 길들인 심장 소리가 점점 멀어지고 이젠 타인이 되어버린 박쥐처럼 열쇠가 달린 일기장에서 내가 모르는 나를 만들고 있었어 밤에 탈출할 때마다 난 분신술을 꿈꾸었지 표지를 여는 순간 말랑말랑한 기억의 윤곽이 드러났어 구불구불한 동굴의 표정이 나를 이끌며 습관적으로 날아올랐거든 그런데 내가 박쥐를 사랑한 게 아니야 박쥐가 나를 집요하게 찾아온 거야 태양과 밤이 섞이는 지점엔 눅눅해진 기분이 다정하게 나를 대변했지 그 속엔 암컷이길 거부하던 박쥐 한 마리가 매달려 있었어 박쥐는 어둠과 눈 맞아버린 사람의 머릿속에만 새끼를 낳았을 거야 너는 절대 혼자가 아니라고 속삭이면서 말이야 난 자꾸 박쥐를 들키고 싶어 붉은 박쥐들이 겨울잠처럼 쏟아진 날엔 더더욱

월간 『모던포엠』 2023년 12월호

김숙영

2019년 《열린시학》 등단. 시집 『별들이 노크해도 난 창문을 열 수 없고』가 있음. 제15회 바다문학상, 제1회 천태문학상 대상 수상.

돌에 관한 에피소드 2

김신용

코로나19 때문에 한산해진 거리를 걷다 서점으로 들어선다
지하철에서 내려 화장실에 들렀다가 변기에 마스크를 빠트린 나는
마스크를 쓴 여자직원의 왜 마스크를 쓰지 않느냐는 눈길을 미안해하며
진열대의 책들을 훑어보다가 세계문학 코너에서 무작위로
책 한 권을 뽑아들었는데, 「페널티킥 앞에선 골키퍼의 불안」이라는
오스트리아 작가 페터 한트케의 소설이었다 책 표지에는 2019년
노벨문학상 수상작이라는 소개 글과 함께 '무질서한 전개 무의미한 농담
강박적인 말놀이로 그리는 현대인의 불안과 소외'라는 표제사가 쓰여 있었고
뭉크의 그림 「절규」가 표지 사진으로 실려 있었는데
나는 해상도가 선명한 뭉크의 「절규」라는 그림과 「페널티킥 앞에선
골키퍼의 불안」이라는 제목이 잘 어울려 보여 망설임 없이 계산대로 와
책값을 지불하고는 여전히 불안해하는 여자 직원의 눈빛을 미안해하며
서점을 나와 길을 건너기 위해 횡단보도 앞에 섰을 때 잠깐
책 첫 페이지를 펼쳐 보았는데, '이전에 꽤 유명한 골키퍼였던
요제프 블로흐는 건축 공사장에서 조립공으로 일하고 있었는데

아침에 일하러 가서는 자신이 해고되었음을 알게 되었다' 라는 소설의
첫 문장을 읽는 순간 신호등이 푸른색으로 바뀐 것을 보았다
나는 서둘러 횡단보도를 건넜다 그리고 어쩌다 마주치는 행인들의
따가운 눈길을 피해 몸을 숨기듯 뒷길을 찾아 들어 허적허적 걷다가
'왜 나는 작은 일에만 분개하는가?' 라는 글과 함께 시인 김수영의
얼굴이 판화로 인쇄된 벽보를 발견하고는 우두커니 서서 바라보다가
그 벽보가 가리키는 미술 전시장으로 들어갔다 그때 강렬하게
내 눈길을 끈 것이 있었는데, 그것은 전시장의 한쪽에 놓여 있는
몇 개의 돌이었다 그 돌들은 조그만 좌대 위에 놓여 있었는데
아무렇게나 길바닥을 굴러다니는 돌이지만 당신이 손에 쥐면
지느러미가 돋는다는 표정으로 놓여 있었다 나는 그 돌들을 물끄러미
바라보다가 전시장이 창문이 없는 실내라는 것을 알아차리고는
얼른 손수건으로 입과 코를 가린 채 전시장을 빠져나와 약국을 찾아
마스크를 구입하려 했지만 요일제 때문에 실패한 나는 그런 자신에게
돌을 던지듯 '무의미한 농담 강박적인 말놀이'처럼 비틀거리는
거리를 다시 허적허적 걸어갔다 마스크를 쓰지 않은 사람이
모든 바이러스의 매개체처럼 보이는, 거리의 나무들도
페널티킥 앞에 선 골키퍼의 불안처럼 서 있는, 마스크가
어느 방향에서 날아올지 모르는 공을 막아내는 손처럼 느껴지는
마스크가 없는 내가 돌처럼 뒹굴고 있는 것 같았던, 그날

웹진 『시인광장』 2024년 2월호

김신용
1945년 부산에서 출생. 1988년 시 전문 무크지 《현대시사상》으로 등단. 저서로는 시집 『버려진 사람들』(1988) 등과 장편소설 『달은 어디에 있나 1.2』 등이 있음. 2013년 제6회 시인광장 선정 올해의좋은시상 등을 수상.

017

사진 한 장의 포에트리

김영찬

A photo in spirit 나는 이 사진이 좋아 아주, 아주
좋은 사진
통기타가 사람처럼 누워 있네
사람도 기타처럼 등 기대어 누워 있네

빈 술병도 덩달아 춤추다가 술기운에 드러눕고
오늘의 일정을 포기한 오디오시스템도
turn off 스위치 끄고
딱정벌레처럼 퍼질러 누웠군!

눕거나 눕힐 수 있는 것들의 온전한 흡착력

어떤 개 같은 날들의
개떡 같은 하루를 쓰다듬어줄 수 있다면,
천장까지 무너진 지붕이 방바닥 깔고 내려와 스스로
바닥에 누울 수도 있게 된다면,

세상 편편해지라고 드러눕는 것, 그건 아닐는지 몰라
그야 생각하기 나름
시는 시인에게 아주 편한
바닥이 돼 줄까

시를 쓰자!
팔자 좋게 팔자 늘어진 시 양팔 뻗어 바닥에 닿는 시를

써보자
시답잖게 까탈 부리지 않고 누워서도 깔쭉깔쭉
죽은 듯이 쉼터로 남는

시의 행간에 끼어들어 한 시인이 살고 있는
사진 속의 단 하루가
부러워서

A photo in spirit 들여다보면
자신의 존재를 힘차게 완성한 실루엣, 맥박 뛰는 소리가
단 한 줄의 문장 속에 초점 잡혀 있다

게으름뱅이 시인의 면모가 불타는 석양 속에 담겼다

월간 『현대시』 2022년 6월호

김영찬

충남 연기에서 출생. 외국어대 프랑스語과 졸업. 2002년 《문학마당》과 2003년 《정신과 표현》에 작품들을 발표하며 작품활동 시작. 『불멸을 힐끗 쳐다보다』와 『투투섬에 안 간 이유』가 있음. 웹진 『시인광장』 주간 역임.

조금 쓸쓸해지려 해요

김예강

조금씩 느려지는 시계를 고치지 않기로 했어요
 정오와 자정을 바꾸기로 했어요 일상이 느려져서 조식을 먹을 시간에 당신이 조식 식탁에 앉아 있다는 상상을 하지 않으려 해요

국립대학 오래된 건물 뜰에서 오래 걸어 온 은목서를 만나도
 사진을 찍어 보내지 않으려고 해요 시계가 제대로 돌아갈까 봐 그래요

쓸쓸함이 다행이 될 때까지 쓸쓸해지려 해요

사실
 동영상을 찍어 향기도 심어보려고 했었지요 폰 안에 심어진 은목서가 헤엄치기 시작했어요
 나뭇가지 끝에서 물결이 일어 새장 속 새처럼 지저귔어요

몸 안에 들어가 빼낼 수 없는 새가 날아다닐까 봐
 영수증처럼 구겨서 버렸어요 삭제해서 휴지통에 버렸어요

반짝이는 것을 가져와 반짝이지 않을 때까지 쓸쓸해질 거예요

당신이 쓸쓸해질 때까지 쓸쓸해지려 해요

은목서 나무는 뿌리째 뽑아 버렸어요
 마침내 쓸쓸함이 다행이 될 때까지 쓸쓸해지려 해요

계간 『시와 사상』 2023년 겨울호

김예강

부산교육대학교 및 同 대학원 졸업. 2005년 《시와 사상》 신인상을 통해 등단. 시집으로 『고양이의 잠』과 『오늘의 마음』, 『가설정원』이 있음. 웹진 『시인광장』과 계간 『시와 사상』 편집장 역임. 현재 계간 『시와 사상』 부주간.

나무의 파문

김왕노

나무가 파닥이는 것은 바람의 힘을 빌려
나무의 말문을 연 것이다.
바람이 불면 바람과 어울려 아우성치는 나무
그 파닥이는 푸른 소리가
겨우내 침묵으로 익혀온 말이라는 것을 안다.
숲에서 폭포같이 쏟아지는 나무의 말이
소리의 강물을 이루어 끝없이 출렁대어
먼 곳으로 흘러가며 세상을 푸르게 물들이는 것을
예민하지 않는 사람도 다 아는 것이다.
갑자기 불어오는 바람에 세차게 파닥이는 나뭇잎
혁명의 선언서를 읽는지 파닥이는 소리 한번 크다.
나무는 바람의 힘을 빌려 끝없이 외치면서 자란다.
외치는 만큼 자라 이마의 땀을 식히라고
지친 몸 와서 쉬다 가라고 촘촘한 그늘을 짠다.
수백 년 나무의 나이테가 둥근 것은 나무의 외침이
제 몸에 만든 단단한 파문이기 때문이다.

웹진 『시인광장』 2024년 3월호

김왕노
경북 포항에서 출생. 1992년 《매일신문》 신춘문예 당선되어 등단. 시집으로 『황금을 만드는 임금과 새를 만드는 시인』 외에 다수 있음. 제 11회 웹진 시인광장 선정 올해의좋은시상 등을 수상. 현재 웹진 『시인광장』 발행인 겸 편집인, 시인축구단 글발 단장, 한국 디카시 상임이사, 한국시인협회 부회장.

번진 자리를 따라 가다가

김조민

몰래 가져다 쓴 시간과 버린 시간의 저물녘
책갈피 하나만 덩그러니 놓인 밤
불쑥 튀어나오는 이름처럼
자꾸 펼쳐지는 페이지가 있습니다

철새들은 그림자를 두고 날아오릅니다
아무도 좌절하지 않는 나머지입니다

반짝이던 첫 문장은 낡아져 이제
이렇다 할 단어는 몇 개 없습니다만
더욱 납작한 마침표입니다
영원히 쫓기는 환영 같은 것입니다

믿을 수 없습니다
그토록 뜨겁게 불타오르던 것들 모조리
거짓말이었습니까?

아직 오지 않은 안과 밖에 대한 이야기를 남겨두었습니다
잘라내지 못한 것은 그대로 두기로 합니다

발이 시린 줄도 모르고 자꾸 뻗는 줄기처럼
늘어가는 빈 페이지에 인기척을 끼워둡니다

계간 『미네르바』 2023년 가을호

김조민
2013년 계간 《서정시학》 신인상을 통해 등단. 2019년 미래서정 문학상 수상.
현재 GBN경북방송 편집위원. 현재 웹진 『시인광장』 편집 부주간.

김찬옥김태경김효은
노해정문정영문예진
박금성방민호서영택
설하한김찬옥김태경
김효은노해정문정영
문혜진박금성방민호
서영택설하한김찬옥
김태경김효은노해정
문정영문예진박금성
방민호서영택설하한

김찬옥김태경김효은
노해정문정영문혜진
박금성방민호
서영택설하한

21

⋮

김찬옥김태경
김효은노해정
문정영문혜진

30

박금성방민호
서영택설하한김찬옥
김태경김효은노해정

021

한밤의 춤을, 크레타섬에서
— 「그리스인 조르바」에게 보내는 편지

김찬옥

헤이 조르바!
크레타섬을 떠나 차디찬 자작나무 꿈속까지 찾아오셨는가
신이 건설한 구도는 어느 헌책방 가구로나 쓰라 하고
자유를 찾아 떠돌던 야인의 세계를 내게도 심어 줄 모양이지
자네 손에 들린 카드는 혹시 48쪽 동양화?
형이상학 발바닥이나 핥는 가증스러운 중생 하나를 더 구출해 보겠다고?

쾌락을 부추기는 것들은 끝나지 않는 항해
난 자유로운 영혼을 탈취하기 위해
총칼을 제대로 휘둘러 본 일이 없었다네
사랑이든 인생이든 전투에 나서면 항복하는 게 평화라 여겼으니...
헤이, 조르바!
여자의 섬에 세워진 나침반이 헐거워져 에게해 섬을 가리키고 있는가?

쓸 만한 그림은 퇴폐한 마담에게 안겨주고
낙장 하듯 이제야 내 앞에 불쑥 까 놓은 두 장의 패,
두 개의 길을 들고 와 쇼당을 치는 이유나 한번 들어보세

수도사의 머리까지 불 싸지를 수 있는 자네라면

내 영혼의 투구도 벗겨 삼천리쯤 집어 던질 수 있을 것 같네만,
난 올리브나무 한 그루를 사십 년이 넘도록 가꾸며 살았다네
정숙한 아내의 비결은 그 뿌리에 거름이 되는 일
멸망한 자유와 정지된 사랑을 더 깊이 잠재우기 위해
난 니체가 죽인 신도 살려내야만 했어

난 순간에 몸을 팔 수 있는 마담 오르탕스도 아니요
담장이 낮은 과부의 집에 사는 건 더더욱 아나라서

사랑은 육신과 영혼을 분배할 수 없기에
나누어지지 않는 조각들로 기워 맞춘 난해해진 잠

내가 조금은 더 여자였을 적에
화선지 앞에 앉아 난을 치는 흉내를 내본 적이 있었다네
그런 여자에게도 소통의 출구는 있었는지
한밤중에도 크레타섬이 물 밀듯 밀려오네그려

과부도 아닌, 마담도 아닌, 창녀도 아닌
늙어도 늙지 못하는 요조숙녀와 동침해 본 일은 있는가?

아기새를 품은 어미새는 동물일 수가 없다네
청춘을 사르지 못한 지나간 달력을 보면
천사로 가장한 악마가 우세한 날들이었어

의미 없는 날에도 사순절이란 붉은 자물쇠를 채워야만 했으니
머리에 하얀 미사포를 쓰고 대천사 미카엘라가 되어
성 소피아 대 성당 안에서 성가를 부른 적도 있었다네

내 손엔 늘 전지가위가 들려 있어야만 했어
달거나 혹은 쓰거나 세상엔 쳐내야 할 것들 뿐이었거든

믿고 가꾼 올리브나무에도 가장 가까운 악마가 숨어들어
결국엔 미사포를 벗어 던져 불에 태워버리고 말았지

이 지상의 먹이로 사는 일은 고통의 연속이었어
맑은 하늘에 먹물로 낙서를 해대는 분은 정녕 뉘신지?
나는 지우개도 될 수 없을 뿐 아니라
여자의 방에는 군불도 때지 못하는 헛개비라는 걸 알았어
난 다시 사백 년쯤은 더 떠돌았던 것 같아,
어쩌다 보리수나무 아래서 그림자 한 분 모셔다 놓고
천수관음의 손가락을 세다 잠들 수도 있었다네
세찬 흔들림 속에서야 생은 더 무르익을 수 있었고
올리브나무도 가지가 찢어지도록 탐스러운 춤을 추더군

그래도 나를 눈뜨게 하는 건 부처도 예수도 아니었어
여자와 아내 사이에는 악마와 천사가 함께 공존하고 있었어

그들이 주는 일용할 양식 속엔 자유로운 영혼이 결핍되어
여자가 채워야 할 종합 비타민은 늘 함량 미달이었지
난 살아남기 위해 오늘의 강을 조심스럽게 건너야 했고
아이들로부터 내일이라는 극약 처방전을 받아야만 했지

이제라도 크레타섬에 닿을 수만 있다면
꼭 크루즈배가 아니면 어떤가,

그래도 이것만은 확실하다네
난 연어보다 먼저 남태평양을 건너 회귀할 것이라는
소리 없이 내 발밑에서 웃고있을 세이지 꽃
그 꽃은 이미 빛을 잃어
자네 그림자 앞에서 신음소리 조차 낼 여력이 없을지 몰라도
내 속에 사는 천사와 악마에게 비상구를 알려줄 수는 있었네

어떤가, 마침내 세상이 다 잠들기라도 했는가?
오늘 밤 자네를 만나러 가는 길에 장애물이 없어
이미 크레타섬 한적한 모래사장에 닿은 것도 같네

여자가 아닌, 양면의 가슴을 가진 우리의 발을 맞출 수도 있겠나?
코발트 빛 바다가 춤을 추듯 시르키* 춤만이라도 추어줄 수는 없겠나?

*카잔차키스의 소설 『그리스인 조르바』에서 자유로운 영혼의 선구자 조르바의 희노애락을 크레타섬에 풀어 놓은 춤

계간 『시인하우스』 2024년 봄호

김찬옥
1996년 《현대시학》 등단. 시집으로 『가끔은 몸살을 앓고 싶다』, 『물의 지붕』, 『벚꽃 고양이』와 수필집 『사랑이라면 그만큼의 거리에서』가 있음.

얼룩진 그림책

김태경

후회의 시간 위에 마른 잎이 쌓였구나

뒤늦은 사죄를 하고
울타리는 멀어지고
유년이 책이었다면 볕 아래서 펼칠 거야

화창할 날일수록 표정은 더 잘 보이지

뿌리가 자라나 봐
흙 내음이 나도 좋아

그림 속 사과나무가 꽃향기 퍼뜨리는!

웹진 『시인광장』 2024년 6월호

김태경
2014년 《열린시학》 평론 등단, 2017년 《매일신문》 신춘문예 시조 당선, 평론집 『숲과 기억』이 있음, '객' 동인. 현재 웹진 『시인광장』 편집위원으로 활동 중.

단편영화
— 낙조 극장

김효은

아침이면 착상되고
저녁이면 계류되는
낙조 상영관이 있다
파도는 능숙한 조산사
시체와 도구를
겹겹이 감추기에 민첩하고 능숙한
손놀림을 가졌다

타인의 고통
연중 무휴 상시 상영 중

배냇저고리 찢긴 조각들
번역되지 않는 자막들
태반으로 만든 마스크팩을 굿즈로 드려요

스크린 여기저기 울룩불룩
이마로 발뒤꿈치로 쿡쿡 꾹꾹
움직이는 포르말린 속 태아들
둥둥 유영하는 팔다리 뻐끔거리는 입모양이
압도적으로 생생한 3D 4D 5D 상영관

1번 씨랜드 2번 팽목항 3번 이태원 4번 곤지암

배경 화면은 수시 변경 가능
화재 침몰 압사 심령 체험
원하시는 모드 변환을 누르세요

덜 익은 과일이 맛있다고요?
최신형 리클라이너 의자에 누워
입을 벌리고 낙과를 기다리는 사람들
고통을 포식하는 사람들

비극은 재흥행 한다
비극은 재개봉 된다
찾는 사람이 많으니까

비명보다 질긴 어둠이
엔딩 크레딧으로 내리면
꿀꺽꿀꺽 아귀들도 몰려와
인공 젖을 빤다
거룩한 밤 고요한 밤
수유의 밤 수혈의 밤
갯벌은 신성한 자궁을 상징합니다

낙조 극장으로 오세요
치어 관리 수족관도 운영합니다
D·I·Y 시대 맞춤형 먹이를 직접 양식해서
사냥하고 조리하고 포식하세요
인내심과 긴장감 쫄깃한 식감은 덤이에요
희극과 비극 다큐와 SF 단편과 장편
공포 멜로 스너프 코미디 온갖 장르의 영화들
분할 화면으로 동시 상영 가능

지금 바로
낙조 극장으로 오세요

배우와 감독 투자자도 상시 모집합니다

웹진 『시인광장』 2024년 2월호

김효은(金曉垠)

목포에서 출생, 2004년 《광주일보》 신춘문예 시로 등단, 2010 계간 《시예》 평론으로 등단. 저서로는 『아리아드네의 비평』, 『비익조의 시학』이 있음. 현재 『시인광장』 편집위원.

드디어 상어가 되었다

노해정

머리 꼭대기까지 피가 몰리고 화끈거리며
가슴은 차디찬 얼음장처럼 변해가는
나를 보았지

아무도 내 말을 들어주려 하지 않을 때
마치 빙벽 속에 갇힌 것처럼
뜨거운 핏줄기는 꽁꽁 얼어가고
납덩이보다 무거워진 머릿속
겹겹이 쌓인 빙판을 뚫고
깊디깊은 심해 속으로 내 몸을 끌어들이지

깊은 곳에서는
이제까지와는 전혀 다른 새로운 방식으로
숨 쉬게 되고
매우 느린 속도로 몸을 계속 움직일 수 있게 돼
가라앉지 않기 위해 몸부림치는 것이 아니야
그냥 그렇게 움직여지는 거야

심해의 바닥에 도달하는 것은
세상을 등지거나 삶을 포기하려 하는 것도 아니야
엄청난 수압에 짓눌리면서도
견뎌내는 나 자신을 발견한다면
오히려 가슴이 뭉클해질 거야.

어느 순간
상어가 된 나를 느끼게 돼

"양식장에 갇힌 철갑상어가 아닌 북극해에 사는 상어"

떠오르다 보면
나와 같은 모습을 한, 무리를 만나기도 해
나의 친구일지도 애인일지도 부모일지도 모르는
저들의 유영은 늠름하고 아름다워

계속 떠오르다 보면
싱싱한 피 냄새도 느낄 수 있어

"물개를 사냥하는데 정신이 팔린 북극곰"

서서히 다가가 턱을 크게 벌려
꿀꺽 삼킬 수도 있지

대박이지?

나는 상어가 되었으니까

웹진 『시인광장』 2024년 7월호

노해정

본명은 노경래. 1968년 서울에서 출생. 서정시학 100호 2023년 겨울호, 「이문동 도루묵 지붕」 외 2편으로 신인상 수상하며 등단. 현재 휴먼네이처 대표, 서정시학회 동인, 주역과 명리학 연구가, 시사랑 문화예술 아카데미 교수.

복숭아뼈 물혹 같은

문정영

다시 눈꺼풀 떨리는가를 정오에 물었다

초여름 소풍 후 우리의 붉은 샘이 생겨났다

나비가 여러 번 앉았다 날아간 흔적이 물방울로 고였다

귀가 열리고 코끝이 새겨진 도화꽃 옆에서 말했다

네가 나의 처음이야, 내 몸은 투우사의 붉은 천이야

물이 빠져나간 뒤 다시 차오르기가 이른 봄 같았다

너를 얻기 위해 나무 한 그루에 그늘이 차도록 물을 주었던가

한 쪽은 가물고 한 쪽은 물 폭탄인 南美처럼

꽃 그림 한 장 피어나는 순간 우리의 계절이 바뀌었다

그 장렬한 화촉을 위하여

지금 몸살 앓고 있는 것들, 패티쉬한 것들

하늘을 끌어와 덮고 싶은 사람들, 그 곁에서

우리는 서로의 복숭아뼈 물혹을 씁쓸한 시간으로 만졌다

웹진《님Nim》 2022년 10월호

문정영
1997년 《월간문학》으로 등단. 시집 『꽃들의 이별법』, 『두 번째 농담』 등이 있음. 현재 계간 『시산맥』 발행인.

송이버섯을 찾아서

문혜진

작은아버지는 송이버섯밭을 알고 있다고 했다 남처럼 지내는 늙은 작은아버지를 따라 송이버섯을 따러 산을 탔다 태양광 사업으로 산속 비탈밭을 팔아 벌목이 한창이라고, 그가 가리킨 곳은 털 빠진 환자의 민둥머리 같은 폐허 위 머리 푼 구름의 긴 그림자

말을 더듬는 그는 할머니 산소를 지나다 말없이 풀을 뽑았다 살아생전 할머니와도 끝내 말이 없었던, 포자처럼 흩어진 조상들의 묘지를 지나 몇 달 전 돌아가신 친척 할아버지 묘지에는 옮겨심은 잔디가 듬성듬성 자리를 잡고 있었다 어릴 적 그 할아버지 포도밭에서 죽은 개의 꼬리를 그을리던 불냄새가 훅 끼쳐온다

도둑골은 깊고 어두웠다 산적이 재를 넘던 시절 붙여진 이름이라고, 작은아버지는 가래 끓는 숨소리로 더듬더듬 말을 이어갔다 한 시간여의 산행으로 뒤처진 우리는 숨을 몰아쉬며 자주 멈춰 섰다 가을 햇살이 나뭇가지 사이로 흩어졌다 소나무와 신갈나무 드리워진 숲, 되지빠귀 울음소리, 마른 낙엽 위에 화르르 끓어오르는 풀벌레 소리, 그가 보이지 않는다

산비탈 이끼 낀 평평한 바위에 그가 누워있었다 검은 옷을 입고 아직 태어나지 않은 사람을 영원히 기다리는 여자처럼, 어떤 발은 납작해진 바위를 닮았다 사랑하는 사람들이 다 사라진 다음 죽음의 고통조차 완전히 펴 말려버린 뻣뻣함으로 평평해진다

바위 아래 골짜기, 빗물이 흘러내려 촉촉이 낙엽을 적신 땅, 성

근 솔잎과 가는 나무 사이 그는 무릎을 꿇고 목장갑 낀 손으로 솔잎과 갈잎을 헤치고 밑동에 나무막대기를 꽂아 지렛대로 쑤욱 송이를 들어 올렸다 봉그랗고 육질이 단단한 뽀얀 송이가 흙의 사리(舍利)로 반짝였다 조심조심 흙을 털어 내 손에 쥐여주고 향을 한 번 맡아보라 한다 숨을 깊이 들이쉬자 이슬 머금은 짙은 솔향과 흙이 되어가는 것들을 눌러주는 가을볕 냄새가 온 숲 파헤쳐진 흙의 맨살 위에 쏟아지고 있었다

웹진 『시인광장』 2024년 9월호

문혜진
1998년 《문학사상》으로 등단. 시집 『질 나쁜 연애』, 『검은 표범 여인』, 『혜성의 냄새』 출간. 제 26회 김수영 문학상 수상.

그를 다시 찾은 자리

박금성

대빗에 매여 마당을 쓸면 초록 음색으로 노래를 불러주던
주저앉아 손가락으로 집을 그리면 왕눈 같은 꽃을 떨구어 지붕을 만들어주던
등 기대고 앉아 눈을 감으면 내가 기억하는 이름 하나하나를 불러주던
어떤 이름을 되뇌면 목말을 태워 멀리 떠나는 새를 배웅하게 해주던
부르고 싶은 이름을 부르지 못한 날엔 빨간 가슴을 뚝뚝 떼어주던
석양보다 더 붉은 눈으로 시선을 허공에 두면 시리다 춥다 옷을 벗어주던
내가 집을 떠나던 날 그림자를 감추지 못하고 내 앞을 한참 가로막던
그의 그림자를 따라간 그곳에 나이테 희미한 나무 밑동이, 잘려나간 나의 과거를 밀어 올리고 있었다
부르지 못한 이름이 마당을 달리고 있었다

계간 『다층』 2023년, 가을호

박금성
충남 아산에서 출생. 2021년 계간《서정시학》여름호 신인상을 통해 등단. 시집으로 『웃는 얼굴』(서정시학, 2022)이 있음. 2020년 충남시인협회 신인상 수상.

읍천리

방민호

읍천리에 와서
세상에 하나밖에 없는 친구를 기다리며
아주 오랜만에 차가운 커피를 읍천리 컵에 시켜놓고
잊어버리고 있던 내 소설책에서 비하인드 스토리를 펼쳐놓고 있는데
친구가 노란 보자기에 싼 것을 들고 나타난다
전화 목소리가 아주 상해버렸다고
몸이 맛이 갔다더니 정말인 것 같다고
마음은 또 얼마나 괴롭겠느냐고
오랜만에 읍천리에서 만나기로 한 김에
자기 이모부가 공주 지나 유구에 낚시 가서 잡아온 붕어 열 마리에
엄나무에 오가피에 숙지황에 인삼에 감초에 대추에 생강에 말굽버섯 작은 것에 영지버섯 쪼금까지
생각 나는 대로 다 넣고 푹 삶아 고았다고
꽁꽁 얼려 가져왔으니 서울 올라갈 때까지 끄떡없을 거라고
노란 보자기 안에 빈 홍삼 상자에 붕어즙 꽝꽝 얼린 것을
읍천리 탁자 위에 턱 올려 놓는다
읍천리 382번지가 뉘 고향인지 몰라도
지금 친구랑 같이 앉아 있는 사이에는 갈 데 없는 내 고향이다
공황장애 때문에 삼십 년을 직업이라고는
자동차보험 영업소장 1년에 농협 지점 1년이 고작이었지만
힘든 아파트 경비직도 두어 달 버텨 본 친구가
내가 시켜준 달달한 따뜻한 커피를 후딱 비우고

담배 한대 피우겠다고
실컷 감옥 갔다온 동네 막걸리집 단골 광렬이 얘기를 가득 풀어 놓고 나간 사이에
진짜 읍천리나 가보자고 구글 검색을 한다
읍천리는 이 나라에
경상남도 경주시 양남면 읍천리 하나밖에 없는데
내가 가끔 가는 포항에서 호미곶 아래로 7번 국도 따라 한참 내려가는데
거기에 읍천항이라고도 있는데
장마 지나고 진짜 뜨거운 여름 오면
소나타에 친구나 태우고 가보기나 해야겠다 생각하는 사이에
친구는 담배를 안 피우고 먹어버렸는지
금세 들어와 서울 저녁이나 먹고 올라가란다
그려, 나는 몸속 깊은 곳에 감춰둔 사투리 한 마디를 읍천리 탁자 위에 턱, 올려 놓는다

* '읍천리 382'라는 커피 체인점이 대전에도 있다.

웹진 『시인광장』 2024년 9월호

방민호
2001년 《현대시》로 시 등단. 저서로는 시집으로 『숨은 벽』, 『내 고통은 바닷속 한방울의 공기도 되지 못했네』, 『나는 당신이 하고 싶은 말을 하고』 등이 있음. 현재 웹진 시인광장 편집주간.

백년손님이 끌고 온 길

서영택

서울 이야기로 길이 열리자
달빛이 모여들었고
어느새 집 안은
일가친척이 가져온 길로 가득해졌다

매형이 끌고 온 길이 제일 넓고 길었다
김서방이 왔다고 떠들던 별들도 잠이 들고
어둠도 숨죽이며 뒤꿈치를 들고 다녔다

하룻밤 지나 매형이 떠난다
모든 길은 갑자기 꿈처럼 사라지고
집안은 절간처럼 고요해졌다

길 끝에 풀을 베어 짐을 지고 마당에 들어오는 어린 내가 보인다 땀범벅이 되어 들어온 나를 보고 집에 일꾼이 있는데 어린애에게 저런 일을 왜 시키느냐고 하는 사람이 옆에 서 있다 그때 충고를 귀담아들었다면 내 인생은 지금과 달라졌을까?

또 다른 길에는 초등학교 4학년 때 처음으로 서울 누님 집으로 어머니와 간 내 얼굴이 보인다 남산에서 케이블카를 타고 대한극장에서 의미도 모르는 만화영화를 보았다 나는 버스를 몇 번밖에 타보지 않아서 그날 죽을 힘을 다하여 참으려고 했지만 결국멀미를 했다 나를 찾아 불러준 그 마음이 지금도 사라진 길 위에 선명히 보이는 듯하다

계간 『시와 편견』 2023년 가을호

서영택
2011년 《시산맥》으로 등단. 시집으로 『현동381번지』, 『돌 속의 울음』 등이 있음.

사랑하는 일이 인간의 일이라면

설하한

> 아니 어쩌면 우리는 분명 용서받을 것이다
> -주디스 버틀러, 『윤리적 폭력비판』 p.233

가을비가 내린다
떨어진 물방울들의 몸이
부서진다

나는 비를 좋아했지만
너는 그렇지 않았지

결국 물이 가장 낮은 곳에 머물 듯
나는 내 마음에 익사할 것 같은데
방 안에는
비가 내리지 않는다

나뭇가지 아래에서
뻐꾸기가 비를 피하고

부서진 물방울들이 한데 모여 흐른다
물줄기가 배수구로 떨어진다

물은 이 도시의 배수 시스템을 따라
도시를 벗어나고 결국

더 이상 부서지지 않는 곳에 당도하겠지

우리가 다시 흙이 되고 물이 되면
부서진 채로 배수관을 흘러가는 물방울들처럼
세상이 끝날 때까지
슬퍼하지 않고
잠을 잘 텐데

네가 묻혀 있는 화분에서
죽은 너의 그림자가 자라난다

비가 그치면 뻐꾸기는 이곳이 아닌 다른 곳으로 이동할 것이다
살아오는 동안 이미 서너 명쯤이
내게 죽은 것 같다

어떤 이들의 고통은 낮고 어두운 곳에 머문다
빗소리
물방울들이 어둠 속에서 부서지고
있다

분명 용서받을 수 있을 거라고
나의 영혼이 나에게 있지 않은 것처럼
우리가 구조에 속하고
이것은 세계의 생리이므로
인간이 뻐꾸기의 생태를 이해하듯
용서받을 수 있을 거라고

나는 불을 끄고 누워
물방울이 부서지는 소리를 들으며
생각한다

생각한다
천국이 없다면
우리를 용서해 줄 사람이 이미 없다면
어쩌면 좋을까

자라난 너의 그림자가 나를 읽는다
그럼에도 우리의 영혼이 우리에게 있는 일

그날 나는 꿈속에서 나에게 죽은 사람을 만나
당신의 고통이 당신의 죄에서 기인한 것이 아니라 구조에서 기인했듯
내 폭력 역시 구조로 인한 것뿐이었다고
그렇지만 미안하다고 말했는데
그가 어떤 반응을 보였는지는 기억나지 않았다

내가 사랑하는 이
내가 미워하는 이
나를 미워하는 이
이들 모두가 함께 사는
천국을 상상해 보았는데
분리수거를 하고 돌아오는 길에는
죽은 뻐꾸기를 입에 문 고양이가 관목 사이로 사라지는 것을 보았다

또 비가 내렸고
일기예보에선 가을장마라고 했다
더는 부서지지 않는 곳에서 벗어난 물들이 부서지며
비를 피해 뛰어가는
사람들을 흠뻑 껴안았다
이곳에서 사랑하는 일이 인간의 일이라면

부서지는 일 역시 인간의 일일 텐데
사람이 싫었다

격월간 『현대시학』 2024년 1~2월호

설하한
2019년 《한국경제신문》 신춘문예 시부문에 당선되어 등단.

손석호송용탁신승민
신영배신용목신철규
심은섭인은숙안차애
여성민손석호송용탁
신승민신영배신용목
신철규심은섭안은숙
안차애여성민손석호
송용탁신승민신영배
신용목신철규심은섭
안은숙안차애여성민

손석호송용탁신승민
신영배신용목신철규
심은섭안은숙
안차애여성민
손석호송용탁
신승민신영배
신용목신철규
심은섭안은숙
안차애여성민손석호
송용탁신승민신영배

31
⋮
40

우크라이나

손석호

포격 멈춘 부서진 창고 모퉁이
소년의 눈에 기대어 웅크린 어둠

공포가 번쩍이며 하얗게 웃고
뱉어낸 울음이 잘린 다리 옆에서 자지러지고

광선은 어둠을 밝히는 게 아니라
한 번은 죽음을 실행하고
다시 한번은 죽음을 확인하고

조준하지 않아도
명중되는 슬픔

부들거리다 웅얼거리는 그림자
깡마른 침묵

벽돌과 벽돌 사이 줄눈처럼 포로가 된 붉은 눈
끝없이 폭발하는 귀

장난감 대신 포탄 파편을 줍는 어린 손

지구는 잠시도 멈추질 않고
흰 눈에 찍힌 죽은 자의 선명한 발자국

죽은 자의 손목시계 속
아직 살아있는 시간
그리고

저 눈 녹아
발자국 지워지면
돌아올 수 없는 자의 두고 간 시간은

계간 시와 산문 2024 여름호

손석호
2016년 《주변인과 문학》 등단. 시집으로 『나는 불타고 있다』. 공단문학상, 등대
문학상 수상.

결

송용탁

빈 도시락 통이 다리를 퉁퉁 칠 때면 무릎 근처에서 달그락 물결이 일었다. 학교 마른 운동장을 가로질러 집으로 돌아가는 길. 길은 흐르고 나는 고인다. 이름 모를 꽃들이 내 이야기를 엿듣곤 했다.
결이란 말은 혼자서도 혼자가 아닌 마음

늘 골목 끝에 서 있던 엄마가 없다. 세상의 숨결이 겉잎을 버리는 시간. 혼자라는 속잎이 있다. 시시한 놀이가 거친 숨결을 달랜다. 견뎌야 하는 목록이 늘어날수록 숨은 여러 결로 쌓였고 숨을 내쉬기 힘든 무게가 있었다.

소실된 곳에 가면 세상은
나를 설득하고 싶은 모양이다
떠난 마음들이 사는 도래지가 있다고,

노을의 손을 잡고 뛰었다. 엄마의 살에서도 물결이 인다. 살의 결이 말을 걸어 올 때 길은 생이 아닌 다른 힘으로 걷게 된다. 엄마와 살이 닿으면 다 말하지 않아도 엄마는 알았다. 나는 혼자가 아닌 것 같아 응결된 마음이 눈물처럼 흘렀다. 세상의 길이 붉게 일렁거렸다.

빈 도시락 통이 달그락달그락 계속 흘러갔다.

월간 『모던포엠』 2023년 7월호 발표

송용탁
1977년 부산에서 출생. 2021년 《강원일보》 신춘문예 당선되어 등단. 남구만신 인문학상 등을 수상.

033

애소哀訴

신승민

　강변 바윗돌에 사람들이 슬픈 유물처럼 걸터앉았습니다 막 피어나는 꽃들에게선 타오르는 사초史草의 냄새가 납니다 소라 모양으로 기어가는 구름은 부스럼 앓는 허공을 신중하게 검시檢屍합니다 더는 회생할 수 없는 그늘도 흩날리는 찬미讚美에 마지막 몸을 적십니다 봄바람을 타고 가파르게 번지는 것이 다름 아닌 살의殺意라는 걸 저물어가는 방패연은 알고 있을까요

　기름 속으로 가라앉는 거미의 눈물처럼 풀냄새는 또다시 부서지고 내상內傷 입은 물길은 놀빛을 경건하게 운구합니다 흙먼지를 머금은 채 무심코 안도를 내쉬는 연인이 그림자로 흩어집니다 단비마저 없는 오늘 찾아오는 사랑은 밝혀지지 않을 야사野史로 기록될 것입니다 서로를 기다리며 한 생의 모멸을 견뎌왔다는 점에서 당신과 나는 다정多情을 모의한 공범입니다

웹진 『시인광장』 2024년 2월호

신승민
1992년 서울에서 출생. 한양대학교 한국언어문학과 졸업. 2015년 《심상》, 《미네르바》로 시 등단, 2016년 《문예바다》로 평론 등단. 시집으로 『죽은 시계를 차는 밤』, 장편소설 『權道, 勢家의 길』, 『主君과 宰相』 등이 있음. 제45회 천마비평상, 제17회 의정부 문학 대상, 제1회 월간문학 한국인 창작문예상 등을 수상. 현재 웹진 『시인광장』 편집위원으로 활동 중.

1물에 1물에

신영배

1물에 1물에 이사 가는 사람이 있다
1물에 1물에 내가 사는 집에서
1물에 1물에 발끝이 젖은 이곳에서
1물에 1물에 이사 가는 사람이 있다

내가 이사 온 지 오래된 이 집에서
전에는 자매가 살았다는데
딸 하나를 데리고 살았다는데
월세를 꼬박꼬박 내던 사람들이라는데
계약이 끝나기 전에 집을 뺐다는데
아직도 이 집에서
여전히 이 집에서
이사 가는 사람이 있다

절박한가 보다
한밤중에도 이사 가는 사람이다
안개에 대교가 통제되었어도 이사 가는 사람이다
길이 온통 얼음으로 덮였어도 이사 가는 사람이다

집에 물이 차오른 1물의 공간
달이 발끝을 흔드는 1물의 시간

1물에 1물에 이사 가는 사람이 있다
없는 듯하다가
이미 이사를 간 듯하다가

이사에 관심이 없는 듯하다가
결코 깨어나지 않을 듯하다가
1물에 1물에 이사 가는 사람이 있다

1물에 1물에 내 발끝은 살고 있다
1물에 1물에 이사 가는 사람과 살고 있다
발끝을 흔든다
수시로
내 발끝은 이사 가는 사람과 처지가 바뀐다

식탁 아래로 꽃병과 달이 사라진다
이불과 꽃과 달이 마른다
슬리퍼와 달이 얇아진다
달빛에 현을 늘리는 악기
입을 떨어뜨리자
바닥에서 튀어 오르는 물
멜로디 집

1물에 1물에 이사 가는 아이가 있다
그날 물위에 뜬 인형을 안고
이사 가는 아이가 있다
이 집엔 물이 찬 적이 있다
수해지원금을 받아 복구된 적이 있다
익사한 사람들이 있다

1물에 1물에 이사 가는 자매가 있다
물속에 가라앉은 아이를 건져 이사 가는 자매가 있다

1물에 1물에 나는 멜로디를 찢는다
1물에 1물에 떨어뜨렸던 입들을 주워 하나로 꿰맨다
1물에 1물에 꿰맨 입을 얼굴에 붙인다

발끝을 흔들며, 흔들며

1물에 1물에 이사 가는 사람이 있다
책상에 앉은 채 이사 가는 사람이다
물과 말
잃어버린 것과
미끄러진 것과
놓아 버린 것과

달이 발끝을 흔들고

계간 『상징학연구소』 2024년 가을호

신영배

2001년 《포에지》를 통해 작품 활동 시작. 시집으로 『젤소미나가 사는 집』, 『물안경 달밤』, 『물모자를 선물할게요』, 『그 숲에서 당신을 만날까』 등이 있음. 김광협문학상, 김현문학패, 구상문학상 등을 수상.

035

수요일의 주인

신용목

신은 화요일에 하늘을 만들었다. 자신의 집을 텅 빈 허공에 띄
워놓고
캄캄한 우주, 지구라는 고리에 인간을 거울로 걸어놓았다. 그가
자신을
비출 때마다
신의 슬픔으로 잠에서 깨어나는 우리가 보인다.

수요일에 바다를 만들었다. 우리가 태어난 것은 토요일. 금요일
을 지나
목요일을 거슬러 우리는 바다에 왔다. 거기 비친 신의 작업실을
엿보기 위
하여

수평선은 우리가 놓은 사다리의 첫번째 칸이었다. 우리는 나란
히 뒷모습
으로 앉아
서로를 향해 긴 못을 박아 그 사이 수평선을 가로질렀지.
밀물이 그 한 칸을 들어올리고
우리는 다음 칸을 놓기 위해 일어섰는데. 몸으로는 모자란 높이
가 있어서
서로에게
박혀 있던 못이 빠지고, 수평선이 물 아래로 떨어지고

그때 우리는 연인이 아니라 연인의 초상화 같았다. 정면에서 바

라보면 비명을 지르고 있을 평온한 뒷모습으로

바다를 보자 나는 알아버렸네. 저 색을 만들기 위해 신은 바다가 필요했다.
거기 비친 하늘이 너무 맑았다. 짐승의 배를 가르고 꺼내놓은 순한 색처럼

고래가 온다고 했다. 목요일을 지나고 금요일을 넘어서 마침내 다다른 해변의
일요일이 헤엄치는 것처럼
많은 이야기를 들었지. 시인은 인생을 쓰기 위해 늙어갔고 유령을 알기위해 죽어갔어.
그리고 슬픔을 보기 위해 고래를 찾아갔지. 그것은 바다에서 왔다가 바다로 돌아간 이야기.

고래를 보자 나는 알아버렸네. 슬픔은 신이 자신을 그리다 망친 그림이었다.
화요일을 월요일로 만들기 위해 수요일의 바다를 찢으며 헤엄치고 있었다.
물 밖에서만 숨쉴 수 있는 고래는
물 안에서만 먹을 수 있는 고래는
우리 사이에서 뽑혀나간 못 자국을 두 눈으로 뜨고, 한 칸의 부러진 사다리처럼

바다를 떠다니고 있었다. 물에 젖은 종이와 물에 풀린 물감과 마침내 물에 불은 자화상이 가라앉는 것처럼

많은 이야기를 잊었지. 신을 예배당 첨탑에 가두고 쉬는 날에만 깨워서일을 시켰어.
그리고 기도라는 언어를 발명했지. 그것은 토요일의 시인이 일

요일에 신이 된 이야기.

 서로를 보자 나는 알아버렸네. 사랑을 만들기 위해 신은 인간이 필요했다.
 그에게는 늘 이별이 부족해서 여전히 자신의 전능이 인간의 슬픔인 줄 몰랐다.
 사랑 안에서만 믿을 수 있는 우리는
 사랑 밖에서는 믿을 수 없는 우리는
 수요일에 끝나는 이야기가 있어서 썰물을 등지고 돌아섰다. 비명을 기도속에 남기고

 인간에게는 늘 기적이 부족해서 누구나 자신의 삶이 슬픔의 종교란 걸 알았다.

 사랑해. 다른 사람에게 말해도 같은 목소리가 재생된다. 세상의 모든 전화기는 전염병을 앓고 있고 지금 그것은 우리 손안에 있다.

 계간 『창작과 비평』 2023년 여름호

신용목
2000년 《작가세계》 신인상으로 작품활동 시작. 시집으로 『아무 날의 도시』 등이 있음. 백석문학상, 시작문학상과 육사시문학상, 젊은시인상 등을 수상.

행성의 고리

신철규

계절을 먼저 사는 사람이 있고 뒤늦게 붙잡는 사람이 있다

마주앉던 사람이 옆에 앉기 시작하면
앞이 텅 비어버린 느낌
옆이 가득 차서 앞이 보이지 않는다

가로수 밑동 근처에 수북이 쌓여 있는
잎더미 위로 너는 누웠지
검은 책가방을 매고 목도리를 한 채
그리고 파하 웃었지
푹신한 감촉에
다치지 않았다는 안도감에

내가 두 손을 잡고 일으키려는데
네가 힘을 줘서 나까지 잎더미 속을 뒹굴었지
우리는 어깨동무를 하고 잎이 떨어진 가지들 사이에 비친 밤하늘을 올려다보며

밤하늘에 금이 이렇게 많네

우리는 서로의 옷에 붙은 낙엽 부스러기를 털어주었지
서로를 때리며 또 웃었지
엉덩이도 팡팡 때렸지

털실로 짠 목도리에 붙은 낙엽 부스러기들은 유난히 떨어지지 않았지
하나하나 손가락으로 집어 떼어줄 때
내게 입맞춤을 했지
양팔을 고리처럼 내 목에 두르고

네 얼굴이 행성이라면 내 팔은 행성의 고리야

입술을 서로 붙이고 떼었다가 다시 붙인다
스카치테이프로 옷에 붙은 먼지를 떼어내듯

너의 등 뒤로 밤하늘에
별똥별 하나가 도화선처럼 피어나서
한 뼘 정도 바지직 타들어가다가
사라졌다

서로의 겨드랑이에 두 손을 끼우고 있으면
콘센트에 끼워진 전구 같은 기분이 든다
전류가 흐르고 여린 빛과 열이 온몸에 퍼진다

웹진 문장 2024년 1월호

신철규
2011년 《조선일보》 신춘문예 당선으로 등단. 시집으로 『지구만큼 슬펐다고 한다』 등이 있음. 2019년 제37회 신동엽문학상, 김춘수시문학상 수상.

037

능금의 조건

심은섭

청동시계가 멈춰도 지상으로 내려와서는 안 된다 최상의 꿈을 출시하려면 민낯에 구릿빛 화살촉도 무수히 꽂아야 한다 그럴수록 너는 산모가 산통을 잊은 것처럼 홀로 꽃을 피워내던 통점을 잊은 채 또 낙화를 서둘러야 한다

어느 4월, 군중을 향해 낭독한 하얀 선언문대로 온몸의 모서리를 허물어야 한다 그때 돌칼이 아니라 풍상風霜으로 지워야 한다 그것은 제법 무게가 나가는 선조의 유전자가 허무의 원을 그리며 살기를 원하지 않는 까닭이다

늦가을, 흰서리를 맞고 겨우 둥근 영토를 얻어낸 늙은호박이나, 숯불에 영혼을 태워야 정품이 되는 삼겹살의 운명을 떠올리며, 전신에 붉은 화인을 찍어야 한다 그래야만 눈이 큰 짐승들의 검은 입속을 점령할 수 있기 때문이다

계간 『시와편견』 2022년 가을호

심은섭
2004년 《심상》 등단. 2006년 〈경인일보〉 신춘문예, 시집 『Y서츠 두 번째 단추를 끼울 때』 외, 평론집 『한국현대시의 표정과 불온성』 외, (현)가톨릭관동대학교 교수.

염하炎夏

안은숙

봉투 속에 들어있는 딸기나무에는
개미의 첨부언이 바글거렸다

오솔길은
산과 산이 한 번쯤 접혔던 곳

아마도 짐승이나
팔을 긁힌 여름이 만들어놓은 곳

한적한 맹렬
지리멸렬했던 순간
엉킨 딸기나무에
빨간 담배 불빛이 매달려 있다

길옆까지 나와 있는
딸기나무는
잔가시를 내밀고
지나가는 종아리를 따라가려 한다

마을로부터
저녁이 올라온다
오솔길은
서둘러 뛰어 내려가야 한다

검붉은 딸기나무 옆을 지나가는 일은
잔털 곤두서는 일

누가 또 이 진창에 빠질까
고양이도 숨어버린다.

계간 『상징학연구소』 2023년 여름호

안은숙
서울에서 출생. 2015년 《실천문학》으로 등단. 2017년 《경남신문 신춘문예》 수필 당선. 시집으로 『지나간 월요일쯤의 날씨입니다』가 있음. 2017년 경기문화재단 전문예술창작 문학 분야 선정 작가. 제1회 시산맥 시문학상 수상. 2022년 한국문화예술위원회 아르코문학창작기금. 제7회 〈동주문학상〉 수상.

공생共生

안차애

짧은 여름뿐인 내 계절을 줄게
오래 버틴 네 발등과 어깨를 빌려줘

남반구 피오르드 계곡의 여름 숲
물오른 이끼가 늙은 떡갈나무를 맹렬하게 뒤 덮는다

솜털 섞인 초록 얼굴을 줄게
암갈색 네 두께를 빌려줘
피로한 네 직립을 망토처럼 덮어줄게

나는 꽃을 모르는 잠깐의 여름
너는 꽃이 멀어진 흘러간 시간

우리가 서로의 리본이 된다면
우리가 서로에게 환대歡待의 자세가 된다면,

천 개의 여름이 한꺼번에 날아오르리

하루 치 날개로 영원을 펄럭이는 하루살이처럼,
이끼의 초록이 떡갈나무의 다음 생을 건넌다

꽃을 버린 만큼 가벼워져서
씨방을 떨군 만큼 명랑해져서

계간 『시에』 2023년 여름호

안차애
2002년 《부산일보》 신춘문예 당선. 시집 『치명적 그늘』 등을 발간. 2014년 세종우수도서 선정, 2019년 경기우수작가 선정.

인간의 집

여성민

집에 상자가 가득했다 어떤 상자를 먼저 풀어야 할까 너는 말했다 상자가 천장까지 쌓여 여러 집에서 자는 잠 같다 타인에게 날아가는 버릇 때문에 인간은 누워서 잠잔다지 아름다운 잠이 쌓여 집은 슬퍼지는데 후추가 든 상자를 찾지 못 해 너는 쓸쓸해했다 괜찮아 네 눈에서 검은 것이 날아와 내 쪽으로 밤이 온다 안을 부드럽게 파내고 한 사람을 가득 채우는 이 밤은 마음일까 물질일까 마음이라면 내 마음에 빛이 부족해서 평생 쓴 마음을 모아야 후추 한 병 이불상자를 풀 수 없어서 너는 비닐을 깔았다 비닐을 덮고 사랑하면 천사인 걸 알게 돼 한쪽으로 상자를 밀고 그렇게 했는데 비닐에 싸인 인간은 천사보다 베이컨 같다 마음을 밖에 두른 존재처럼 천사의 마음인지 인간의 마음인지 모를 물질이 부스럭거려 눈감고 인간을 생각했다 수분 많고 관절이 있는 상자를 노동조합처럼 인간이 숨은 상자를 그러나 상자에는 천사도 있을 것이다 여기까지 마지막 밤이었고 인간도 천사도 잊었지만 곰표 백설표 꽃소금 따위 단어들이 나의 밝은 세계로 남아있다 세상은 그렇게 간단하고 아름답구나 아름다워서

   사랑해 하고 맨 처음 말한 인간의 이름은 무엇이었을까
   사랑해 무섭고 밝은 단어를 파내고

   인간이 인간 안에 들어가 누워 부스럭거리며 첫 밤을 보낸 집은

   사람이라는 후추 한 병 다 비울 때까지
   눈에서 검은 것 날려 창밖에 자카란다 꽃나무와 장미와 라일락

이 불타며 피어나던

인간의 집은 어디에

월간 『현대문학』 2023년 7월호

여성민

충남 서천에서 출생. 안양대학교 신학과와 총신대학교 신학대학원 졸업. 2010년 《세계의 문학》 신인상에 소설이 당선되어 등단. 2012년 《서울신문》 신춘문예 시 당선. 저서로는 시집으로 『에로틱한 찰리』(문학동네, 2015)와 구약 내러티브를 해석한 책 『돋보기로 보는 룻기』와 『꼭꼭 씹어 먹는 사사기』가 있음. 웹진 『시인광장』 편집위원 역임.

오세영오정국우원호
유종인유태승윤유나
윤은영이하이건청
이규리오세영오정국
우원호유종인유태승
윤유나윤은영이강하
이은청이규리오세영
오정국우원호유종인
유태승윤유나윤은영
이강하이건청이규리

오세영오정국우원호
유종인유태승윤유나
윤은영이강하
이건청이규리

41
⋮
50

오세영오정국
우원호유종인
우태승윤유나
윤은영이강하
이건청이규리오세영
오정국우원호유종인

총은 한방이다

오세영

요즘 어느 강대국이 약소국을 침략하면서*
실탄을 허비해
진퇴양난이라고 한다.
그러니 또
다른 어느 작은 나라에 무릎을 꿇고**
제발 도와달라고 애걸복걸하는 것
어찌 이상타 하랴.
미상불
당할 패배는 일단
피해놓고 보는 것이 상책.
그러게 애초부터 총질은 왜 했을까.
같이 잘 지내든지
남의 것을 빼앗는다는 건 아예 생각조차 하지 말든지……

그러니 실탄, 포탄, 미사일, 원자탄
다 소용이 없다.
옛 하르빈의 우리 안중근 열사를 보아라.
총은 한 방이다.
한 방이 이 세상을 바꾼다.

죽은 TV화면을 벌떡 일으켜 한 세상
환하게 밝히는
리모컨의 그 총질 한방.

* 2022년 러시아의 우크라이나 전면적인 침공
** 2023년 북한에서 러시아의 요청으로 탄환 원조

웹진 『시인광장』 2024년 1월호

오세영

1942년 전남 영광 출생, 전남의 장성과 광주, 전북의 전주에서 성장. 1965년에서 1968년 박목월에 의해 《현대문학》 추천으로 등단. 저서로는 시집으로 『사랑의 저쪽』, 『바람의 그림자』, 『밤하늘의 바둑판』 등의 20여 권의 시집이 있음. 학술서로 『시론』, 『한국현대시분석적 읽기』 등이 있음. 현재 서울대 명예교수, 서울대학교 대학원 국어국문과 박사, 한국시인협회명의원, 대한민국예술원 회원.

부음을 듣고서야 시작되는 이야기

오정국

　부음을 듣고서야 떠올리는 얼굴, 기억과 망각 사이를 떠돌던 발걸음이 이제야 내게 와서 다리 뻗고 쉬게 됐다 그 일생, 1인칭으로 살면서 2인칭으로 호명되고 3인칭으로 마감됐다 그가 남긴 문장들

　문장 한복판의 저수지가 깊다 진흙 구덩이를 걸어간 발자국이 보인다 건너편 숲에서 부채꼴 모양의 불빛이 살아난다 반딧불인가 싶은데, 밤에 꽃피는 독버섯이다 독성이 강할수록 형광빛을 내뿜는

　청백색 화경버섯이거나 연둣빛 반딧불이거나 수면에 어룽지는 무늬들, 혼령과 혼령이 주고받는 빛깔인 듯한데, 책상 위의 글자는 검고 뚜렷하다 그가 남겨둔 기억의 문신처럼

　부음은 언제나 느닷없는 것, 회식 끝내고 헤어진 얼굴을 골목 귀퉁이에서 마주친 듯 쑥스럽고 겸연쩍게 고개를 돌리면, 허리 굽힌 사내가 책갈피 속으로 걸어간다

　그는 문장들이 꾸며낸 이야기 속에서 한 생애를 살았고, 그의 말소리가 비바람에 뒤섞인다 천둥번개 굽이치면 커다란 목구멍이 공중에 걸려 있다

　　웹진 『시와 과학 매거진』 2024년 9월호(창간호)

오정국
1988년 《현대문학》 등단. 시집 『파묻힌 얼굴』, 『눈먼 자의 동쪽』, 『재의 얼굴로 지나가다』 등이 있음. 지훈문학상, 이형기문학상, 전봉건문학상 등 수상.

백두산白頭山 13
— 가을

우원호

1
백두산의 북쪽, 북파北坡에는 일찍감치 곱게 곱게 물든
억새풀과 나무마다 잎사귀들

골짜기와 능선마다 울긋불긋 색동옷을
모두 그리 갈아입고

광활하고 성긴 저 우주라는 천체 속의
무공해의 저 자연, 대자연의 화선지에

이 세상의 그 어느 불세출의 화가들도 도저히
이 세상의 그 어느 불세출의 예술가들도 감히

흉내조차 내지 못할
모방조차 하지 못할

창조신의 독특하고 화려한 자연색의 풍경화 기법으로
매일매일 서로 다른—

이 세상의 그 어디서도 볼 수 없는 절경의 풍경화를
이 세상의 그 어디서도 볼 수 없는 불세출의 대작을

매일매일 새롭게 그려내네
매일매일 다르게 창조하네

마술과 주문을 관장하는 고대 그리스의
헤카테Hecate 여신의 마술처럼

고대 로마의 시인, 오비디우스Ovidius의
변신 이야기처럼

매일매일 경이롭게
매일매일 화려하게

매일매일 새롭게 그려내네
매일매일 다르게 창조하네

2
매일매일 나는 이토록 수려하고 아름다운 절경들에 깊이 취해
너무너무 감탄하여 그 황홀경에 흠뻑 도취되어 나는

복카치오의 데카메론이나, 도연명의 무릉도원武陵桃源이나
더할 나위 없이 훌륭하고 몽환적인 경치의
도플갱어를 꿈꾸는
소설가나 시인 같은 작가들과 화가들이 있다면…,

만일 작가들과 화가들이 있다면…,
만일 있었다면…

그 작가들과 화가들의 생각은 백두산의 절경들을 보는 순간,
심정지로 인해, 이내 뇌사상태가 되고

그네들의 영靈도 이내 죽음의 경지에
다다르게 되고 말리라!

동서고금 그 어느 불세출의 작가라도, 화가라도
이곳 백두산의 神이 아닌 이상,

그네들에 눈에 보이는 이곳의 절경들을
창조해낸 이토록 위대한 풍경들을

보는 순간 환상이 되고 말기 때문에
보는 순간 환영이 되고 말기 때문에

정말 이토록 아름다운 절경들에 취해
너무너무 감탄하여

데카메론이나 무릉도원武陵桃源이나 도플갱어를 꿈꾸는
만일 그런 작가들이 있다면…, 그런 화가들이 있다면…

그네들의 생각은 빽두산의 이 황홀경에 빠진 순간
심정지로 인해, 뇌사상태가 되고

그네들의 혼魂도 이내 죽음의 경지에
다다르게 되고 말리니!

계간 『미소문학』 2021년 가을호

우원호
1954년 서울에서 출생. 2001년 월간 《문학21》 시부문 신인작품상에 당선. 시집으로 『도시 속의 마네킹들』, 『아! 백두산』 등이 있음. 현재 웹진 《시인광장》, 도서출판 『시인광장』 대표.

비누

유종인

사랑이 원대해지는 게 아니라
이렇게 작고 둥글고
끝날 가까이엔 면도날처럼 얇아질 수 있다니

달리고 걷고 넘어지고 다시
지평선을 넘어
수평선을 허리에 두르며
걸어나간 당신을 위해

물곰처럼 흐물흐물해졌다가
땡볕에 입매가 쪼글쪼글 오무래미가 됐다가
때 절은 입성이 부르면
기꺼이 손 잡혀
달리고 닳리는 여백의 왕자처럼

닳아진 맘의 공백만큼
새들과 바람과 구름의 하늘이
훤칠해졌을지 모르네

계간 『상상인』 2024년 여름호

유종인
인천에서 출생. 1996년 《문예중앙》 시부문, 2011년 조선일보 신춘문예 미술평론부문 등단. 저서로는 시집 『숲 선생』 등과 시조집 『용오름』 이외에도 『미술책 조선의 그림과 마음의 앙상블』 등을 출간.

오래된 꽃은 향기가 깊다

유태승

나는 꽃을 바라보았다
피어나려는
수줍은 꽃이
아름다움 기다리게 하지만
향기는 없다
기다림은 향기가 없는가

나는 꽃을 바라보았다
활짝 핀 꽃에
벌 나비가 들락거리니
내가 향기 품을 시간이 없구나
꿀을 따 먹으며
바쁘게 우주가 움직인다

나는 꽃을 바라보았다
핀지 오래되어
벌 나비로 새로운 생명 잉태되니
헤아릴 수 없는
수많은 꽃들을 품은
오래된 꽃은 진정 향기가 깊다

웹진 『시인광장』 2024년 7월호

유태승
경기도 시흥에서 출생. 서울시립대 졸업. 2013년《자유문학》으로 등단. 저서로는 『별들이 빛나는 마루모테』 외 다수(10여권) 출판. 현재 한국 시인협회, 한국 문인협회, 국제 펜 한국본부 회원. 주) 휘일 회장.

피를 뒤집어쓰다

윤유나

풀숲을 봅니다
갑자기 칼날이 깨지는 일은 없을 겁니다

물거리 섶나무 등등
지난 계절 등등
풀 마디를 봅니다 웃다가 갈비뼈가 부러졌다
타자기 두드리는 엄지손가락 아래로 검은 거미가 지나간다 그 회사에서 파는 싹쓸이잡초제거 예초기를 본 적 있습니다 교회 오빠한테 문자가 왔다
'할아버지 산소 벌초하고 아버지랑 나란히 앉아 있어'
'응. 벌 없어?'
교회 오빠가 학교 선배의 코 뼈를 부러뜨렸다
걷잡을 수 없이 우거져 있군
지나간 것들은 모두 목소리를 지녔군요
코피가 사랑이 무섭고 아름답고 가끔 젖어요
젖어요는 족보 있는 풀이예요
나무만 그런 게 아니고요? 조팝나무 같이요.

젖어요
젖어요
풀 베면
젖어요
여기
저기

눈 코 입, 어디로 사라진 걸까 이 짐승을 누가 데려다 놓은 게 아니라면
스스로 찾아들었거나 뭐, 말 못 하는 짐승의 '죽을 자리'는 인간이 감당할 수 없는 것이죠 바람, 몸을 배회하는 벌레와 사람들의 목소리 혹시라도 낳아놓은 새끼가 있다면
빛에 형체가 스미는 장면과 스치는 소리

부디 이곳에 안식이 깃들기를
속에서 눈 감아요

숨을 멈추고
잠시
영원

스치는 소리
거울에 비친
내 모습
내 자리
깎인 풀들로 뒤덮인
눈 코 입은 어디로 사라질까 얌전히 지내다 짖지 않고 창밖을 내다보는 저 사라진 얼굴이 내 자리

뿌리가 약한 것들은 뽑히기도 합니다 겁에 질렸고 땅은 부드럽죠 빽빽한 곳에서는 회전이 많아야 합니다
소원하다 잔디의 세력이 약해지고 있어요
베어 물다
백로 경에 자라난 풀들은 새로운 마디를 형성하지 못합니다
한겨울 지나 봄이 와도 자라지 못할 테죠

첫마디를 내뱉고 눈먼
잡목과 풀밭
그들이 하릴없이 새기는 면을 읽습니다

속에서 눈 뜨는 모임

계간 『시와산문』 2023년 겨울호

윤유나
2020년 『하얀 나비 철수』를 펴내며 작품 활동 시작. 시화집 『잠과 시』(아침달, 2024)가 있음.

ㅃ

윤은영

　아침부터 흔들렸던 이처럼 달랑거리며 아빠를 찾는다 무슨 큰일만 있으면 아빠부터였다 아빠는 매일 집에 들어오지 않았지만 나는 매일 아빠를 생각했다 아빠는 실패를 뒤적여 이마를 빠악 쳤다 겁먹었던 날숨과 함께 이는 빠졌다 그 한 번 이후 발치는 온전히 나의 몫이었다 나는 늘 아빠를 당겼으나 아빠는 튕겨 나가기 일쑤였다 영구치가 나기 시작하면서 부녀는 삐뚤빼뚤해졌다 된소리에 머물렀던 슬픔이 거센소리로 진화했다 썩은 웃음들이 지붕 위로 던져졌고 지붕도 함께 썩었다

　호흡기를 걸쳐놓은 아빠의 입속에서 차디찬 잠의 음소들이 새어 나온다 알아들을 수 없는 비밀의 언어, 당신만이 알아볼 수 있게 허공에 새긴다 나는 황산을 온몸에 뒤집어쓰기라도 한 듯 물러 터진 눈알을 쥔 채 녹아내린 심장을 발등으로 지탱하고 있었다 붉은 입술을 깨물며 연신 후회해 보지만 아빠의 귀는 새파랗게 닫혀 있었다 서서히 굳어가는 아빠의 삶을 조급하게 뒤적인다 믿을 수 없는 사실들이 왜 왜 왜 피어오르고 있었다

　마흔이 넘어도 박혀 있던 젖니가 수골실에서 빠지고 말았다 세상의 모든 말들이 소각되고 자석에 붙은 보철인 양 ㅃ만이 건져진다 평생 명치에 얹혀 있던 감탄사 하나를 게워내어 나란히 내려놓자 비로소 나만이 마음껏 부를 수 있게 된 이름 하나 남는다

계간 『미네르바』 2024년 여름호

윤은영
2010년 《미네르바》로 등단. 시집 『시옷처럼 랄랄라』 출간.

줄무늬 돌

이강하

줄무늬 우는 소리가 요란하다
팔색조 햇살 내리는 계곡
지팡이 짚고 걷는 그림자들, 청색 층이다

줄무늬 검정돌이 우리에게 말을 거는 사이
세계적 교량 일곱이 널뛰기를 했다
전쟁으로 죽은 아이가 아른거린다면서

그래, 이젠 한마음이면 좋겠어
전쟁 없는 세계라면 좋겠어
줄무늬 돌이 나무에게 말을 거는 사이
줄무늬 셔츠를 입은 소녀가 내 앞으로 빠르게 지나간다

　줄무늬 셔츠는 한때 내가 사랑한 친구가 즐겨 입은 옷이었지 함께 줄무늬 셔츠를 입고 봉사하러 가는 날에는 발걸음도 초록이었지 그런데 가끔 친구의 친구들과 축구를 했던 장소가 떠올라 심장이 쪼그라드는 것처럼 통증이 올 때가 있어 어쩌다가 친구의 친구와 심하게 몸싸움을 했고, 서로의 사과는 사과를 해도 피투성이 사과나무로 남았지 이제야 고백하는데 그때 그 주변 화살나무는 우리보다 더 고통스러웠다고

지금 나라 밖 전쟁도 있을 수 없는 일이라고
줄무늬 돌들이 계속 운다

돌과 돌 사이
물소리는 누구의 기도일까

웹진 『시인광장』 2024년 2월호

이강하
2010년 《시와세계》 등단. 시집으로 『화몽(花夢)』, 『붉은 첼로』, 『파랑의 파란』.
제4회 백교문학상. 제16회 울산문학 올해의 작품상 수상.

찔레 향기 쪽에서 웃던 사람

이건청

은어떼가 오르던 연곡천변
누옥,
남포불 아래 뽈 발레리를 읽던
문학청년 하나 있었는데
시를 써라, 써라
편지로 채근해도
그냥 흘러 가서 짠 소금 되겠다고,
구름으로 떠돌다 소낙비나 되겠다는
친구 하나 있었다.

강릉행버스 타고 물어물어
그 친구 찾아 가기도 했었거니
횡계 지나 대관령 구빗길 지나
찾아가기도 했었거니
오월이었던 게지
친구는
찔레꽃 향기 모질던
연곡천, 밀짚 모자 눌러 쓴
은어잡이 낚시꾼 되어 있었네

시의 멍에 모두 벗어던진 그가
찔레덤불 너머 저쪽에서
웃고 있었네
찔레꽃 처럼

하이얗게 웃고 있었네

웹진 『시인광장』 2024년 10월호

이건청
1967 한국일보 신춘문예 등단. 시집 『실라캔스를 찾아서』 『곡마단 뒷마당엔 말이 한 마리 있었네.』 『이건청 시전집 1.2』 외. 한양대 명예교수. 한국시인협회 평의원.

그들은 꿈꾸던 곳으로 갔을까

이규리

   건축학을 공부하고 에펠탑이 보이는 곳에서 스시 식당과 마트로 성공한 재영 씨는
   50이 넘으면
   레만호가 보이는 곳에서 작은 라면집을 하며 조용히 살 거라고,
   그럼 나는 라면 앞에서 레만호를 바라보는 사람이 되겠다 했지만,

   레만호는 금호호였다가 단산호였다가 파계호가 되었고
   라면집은 어디에 있었던가 몰라

   우리는 모두 장소를 갖고 싶어서
   장소에 목말라서

   고시텔과 빌라를 거쳐 소형 아파트에 쾅쾅 인테리어를 했지

   슬리퍼를 끌며 편의점의 맥주를 사서 돌아오는 길에 넘어지지 않았다면

   깨지 않았을 꿈들을

   k여사는 한강 뷰가 있는 곳에 아파트를 사겠다고 상경했는데
   나는 그가 그 일에 성공했으며 쓸쓸했을 거라고

   로망은 로망으로 둘 때 뷰가 된다는 거지 같은 말이나 하면서

영화 〈패터슨〉에서 매일 저녁 패터슨이 가던 맥줏집 있지
술집 주인이 패터슨에게 말한다

―오늘은 질 것 같아
―상대가 누군데?
―나 자신

때때로 나 자신이 장소가 될 때

못을 박지 않아도 노을이 와서 척 척 걸린다는 배경 이야기는 시시한가

좁은 방은 나를 크게 만들어
어느 날은 벽이 솟아나게도 하지

넘어지는 곳이 새로운 곳이라며

어때, 맥주 한 잔!

계간 『청색종이』 2023년 겨울호

이규리
계명대학교 대학원 문예창작학과 졸업. 1994년 《현대시학》 등단. 시집으로 『앤디 워홀의 생각』과 『뒷모습』 등이 있음. 2015년 제6회 질마재문학상 수상.

이노나이만영이병국
이병일이병진이수명
이수영이수하이시경
이영춘이노나이만영
이병국이병일이병진
이수명이수영이승하
이시경이영춘이노나
이만영이병국이병일
이병진이수명이수영
이승하이시경이영춘

이노나 이만영 이병국
이병일 이병진 이수명
이수영 이승하
이시경 이영춘
이노나 이만영
이병국 이병일
이병진 이수명
이수영 이승하
이시경 이영춘 이노나
이만영 이병국 이병일

51
⋮
60

하필 상관없는 금요일

이노나

금요일이었어요 4번째인가요 5번째인가요 그런 건 중요하지 않겠죠 매번 잘못된 시간에 나타나는 내일이 있거든요

사랑의 시간은 어디쯤 오고 있나요

다만 그날이 하필 금요일이었고
금요일이 주저하며 평화로울 때 나는
자주 사라지는 것들을 생각하기 때문이에요

당신은 알 수 없어요

기다리기 지쳤거나 잊었거나 멀리 돌아 끝나지 않는 금요일을 위해 작은 건배를 하겠죠

매번 엇갈려 마주치지 않았던 데이지꽃은
이제 시들었어요

4시와 5시 사이 약간의 행운이 따르면 어느 누구도 생각하지 못했던 사다리가 새롭게 뻗을지도 모르겠어요 그러면 나는 금요일의 꼭대기에 올라 저 멀리 느긋하고도 쓸쓸한 밤이 도착하는지 살펴볼 거랍니다 그것은 무해하여 건드리지 못할 것 같은 아침과 함께 오지만 만져본 적이 없는 까닭에 나는 애써 눈썹 위에 작은 차양을 만들고 찡그린 눈으로 어리둥절하거나 더디게 아무는 흉터를 긁으며 짜증을 내고 망설이겠죠 그래도

하필 상관없는 금요일이라서 가벼운 마음이에요

웹진 『시인광장』 2024년 6월호

이노나
2012년 계간 《연인》으로 등단. 시집 『마법 가게』, 『골목 끝집』 출간. 현재 한국시인협회 회원.

지난여름, 물렁물렁해진 거북 등처럼

이만영

'사랑의 기쁨'에 대하여 시를 써달라 창밖
나무로부터 청탁을 받는다

노트를 펼치면
하얗고 따끈한 잉크로 쓴 이야기들

대체로 이해하고
대체로 이해하지 못하는

식탁 위 샐러드와 빵과 우유
아침이 식어간다

시를 고치려다 시를 놓치고
아침을 먹으려다 아침을 놓친다
                        *

다가갈수록 달아나고
모을수록 흩어지는

버린 시 한 문장씩 접어 커튼을 만든다
창밖에 숲이 나타나고
그 한가운데 테니스코트가 보인다

통통 튀어 오르는 활자 같은 공
내 사랑의 기쁨은 대체 어디쯤 튀어 오르고 있을까

*

사랑의 변질에 관해 쓴다
내가 나를 버려도 변절자가 되지 않는 방법은
어디 있을까

나는 나를 피한다
나를 나는 낭비했다
창문 속 새로운 창문이 생긴다
신문지 속 사람들은 수백 개의 표정을 움켜쥐고 있다
시가 될 수 없는 갈변된 표정들

쏟아버린다
물렁물렁해진 거북 등처럼

어제 쓴 시를 다시 읽는다
신문지 속 흑백 표정들이 조용히 듣고 있다

무크(Mook) 『용인문학』 2023년

이만영
홍익대학교 미술대학(시각디자인) 졸업. 제8회 웹진 《시인광장》 등단.

빛그늘

이병국

구름이 깊고 투명해서

죽은 나뭇잎을 쟁여둔 가을은 짙고
미처 나누지 못한 말이 기울어진 햇빛에 닿아 바스라진다

나 아닌 것들로 채워진 몸을 일으켜 세우는 일
은 어렵기만 하다는 걸
헛도는 우리가 멀어진 곳에서 겨우 알게 되는 일

너는 거짓말 같아서 멀리에서도 가늠 수 없는 빛으로 울음을 사르고 있다

시간의 주름 안쪽에서 잠이 들 듯 나는

웃었다

흥건하게
하지만 흘러넘치지 않게

길을 잇는다는 것은 발끝을 맞대고
갈라진 기억을 들추는 데 있다는 걸 이해할 수 있을까
빛의 윤곽을 따라 잦아든 우리가 알 수 있을까

다만 움켜쥘 따름이라고

재투성이가 된 이파리를 문지르며 마음에도 없는 말을

한다
입을 굳게 다물고

아랫입술이 부풀어 오르는 만큼
평평해지는 마음을 깁고
숨을 깁고

엇갈린 나뭇가지 사이로 뭉툭한 바닥을 낸다
빛의 그늘과
맞닿은 어둠이 비틀대며

우리를 가른다

어제의 네가 달무리에 잠기듯
가을은 짙고

나는 발끝에 맺힌 기억을 들추지 못하고 갈라진 채로 있다

계간 『시와 시학』 2024 가을호

이병국
2013년 《동아일보》로 시 등단. 2017년 중앙신인문학상으로 평론 당선. 시집
『이곳의 안녕』, 『내일은 어디쯤인가요』 등이 있음. 내일의 한국작가상 수상.

165

물색과 작당

이병일

물소리 긷는 잉어가 수면을 갈아 낀다고 해서
봄밤이 오는 것은 아니지만
잉어는 제 몸에 잉걸불이 켜지면
봄밤이라는 것을 그냥 안다

보문호수는 둥근데 왜 모서리가 많을까
닫히지 않는 것이 수면이지만
수면은 물금으로 깨져있거나 붙어있다
잉어는 지느러미로 서서 걷기 시작한다
아가미가 믿는 것은
밤의 옷깃을 여미게 하는 갈대바람이다
조악한 그림자를 바투 붙여놓은 구름이다

호수의 공기는 미끄덩거리게 차갑지만
웅덩이를 골라 딛는 날쌘 물소리,
팔뚝만할까
장딴지만할까
산란이라는 말은 왜 비명으로 찢길까
호수를 한 바퀴 도니까
물이 물을 긁는 소리만이 상온이다

오늘도 아가미와 아가미는 알을 끌고 갈
밤의 잉걸불을 꿰기 위해
물색과 작당 사잇길에서 봄밤을 맞는다

감미롭게 끝장을 봐야 흐트러지는 알 빛들
촉촉 불탈 것만 같은데 척척 눈알이 생긴다

계간 『시와 편견』 2023년 여름호

이병일
2007년 《문학수첩》 시부문 신인상과 2010년 《조선일보》 희곡이 당선되어 작품 활동시작. 시집으로 『옆구리의 발견』, 『아흔아홉개의 빛을 가진』, 『나무는 나무를』, 『처음 가는 마음』 등이 있음.

애매와 모호

이병진

언어는 참 애매하고도 모호합니다
나뭇잎을 푸르다고 말하는 건 애매하고요
연두와 초록, 청록의 경계는 모호합니다

선은 무수한 점으로 이루어진 가상이지요
점과 점 사이에는 또 다른 점이 위치하지요
고로 점은 곧 선이라서 애매하고, 경계가 모호하죠
말하자면 점과 선은 애매모호합니다

이렇게 프리즘으로 보면 언어의 색은 예민하게 굴절하죠
경계를 찾던 말은 문을 닫아야 할지 모릅니다

우리가 까탈스런 애매와 모호 사이에서도 불편하지 않은 것은
색을 구분하는 결핍이 있음에도 그러려니 퉁 치고 사는 것은
당신과 내가 점으로 부대끼면서도 선을 이루는 것은
이해라는 개념으로 담합하기 때문입니다

지금 광교산은 애매와 모호가 동거 중입니다
점들이 우거져서 곡선입니다
나무와 숲은 서로의 경계를 덮어버렸습니다

뭉뚱그려 그냥 푸른 오월입니다

웹진 『시인광장』 2024년 6월호

이병진
포항에서 출생. 경북대 철학과, 고려대 문학석사. 2022년 《월간문학》으로 등단.
시집으로 『나는 폭이 없는 길을 간다』가 있음.

장위동으로 갔다

이수명

종일토록 일어나지 않았다. 아무것도 하지 않은 날이었다. 조금 안심이 되었다.
안심하고 일어나 신체의 운동으로 도망쳤다.
걷고 걸어 장위동으로 갔다.

계속 벽에 부딪쳤다. 이러다간 내가 벽으로 변할지도 모른다. 작은 충돌에도
건물들이 움직였다.
골목들이 움직였다.

어디선가 날아온 공이 발 앞에 떨어져 굴러갔다. 공을 찾으러 나타나는 사람은 없고 둥글게 발달한 검은 머리들이 더 검은 잠을 찾는 듯 떠갔다. 머리들은 이미 잠든 건지도 몰랐다. 잠에서 잠으로 옮겨다니는지도 몰랐다. 무엇도 잠에 자리 잡을 수 없고

잠에서 깨어나 울 수 없다.

일렬로 늘어선 상가에는 철 지난 옷들이 아무렇게나 걸린 채로 신체의 방향에 만족하고 있다.
불과 몇 초 만에
아무것도 손에 닿지 않는 이 외출에 만족했다면
더 이상 신체의 반응을 따라가지 않아도 된다.

머리가 떠 있지 않아도 된다.

나는 멈추어 서서 벽을 자세히 들여다보았다. 벽을 휘두를 것처럼. 벽보다 먼저
건물들이 움직였다.
골목들이 움직였다. 검은 머리들이 골목을 빠져나가고 있다.
벽을 볼 때
나는 내가 어디를 보는지 정확히 알지 못했다.

계간 『상상인』 2024년 여름호

이수명

1994년 《작가세계》 등단. 시집 『새로운 오독이 거리를 메웠다』, 『왜가리는 왜가리놀이를 한다』, 『붉은 담장의 커브』, 『고양이 비디오를 보는 고양이』, 『언제나 너무 많은 비들』, 『마치』, 『물류창고』, 『도시가스』 등. 박인환문학상, 현대시 작품상, 노작문학상, 이상시문학상, 김춘수시문학상, 청마문학상을 수상

애도의 시간

이수영

내 영토가 사라져 간다
내 편이 떠나간다
뭉텅이뭉텅이 잘려나간다

더욱 홀가분해지기 위해
남아있는 것
가여운 것들을 버려야 산다

열차는 출발한다
몰약나무 잎새 향기로움 저편
미르 우주정거장 그 너머로

달항아리
눈물,
조요한 새벽

열차는 출발한다
기적을 울리면서
사람 마음빛 고운 날

달마의 시간
애도의 애도를 위한 시간
봄도 아니고 겨울도 아닌

웹진 『시인광장』 2023년 10월호

이수영
1994년 시집 《깊은 잠에 빠진 방의 열쇠》를 통해 작품활동 시작. 시집 『무지개 생명부』, 『안단테 자동차』, 『미르테의 꽃, 슈만』 등. 시선집 『슬픔이 보석이 되기까지』, 산문집 『잠시 또는 영원의 생각』 등. 서정시학상, 천상병시문학상, 한국기독교문학상 서울강남문학상대상 등을 수상.

국립과학수사연구원, 부검하다

이승하

시체를 통해 죽음의 이유를 밝혀야 한다
잘 죽어야 하는데 그대 못 죽었다
요즘 드라마에도 뉴스에도 나오는 '국과수 부검'이란 말
고무장갑을 끼고 메스를 든다
막 부패하기 시작한 시체
더 부패하기 전에
이 세상에는 미해결의 주검이 있다
한 번 죽는 것도 억울한데 두 번을?
아니! 영혼이라도 원한 없도록
타살이냐 자살이냐
타살이면 어떻게? 누가?
자살이면 어떻게? 왜?
장기 하나하나를 들어내어
사인을 찾아낸 뒤 사인한다
하나하나 적출했다가 하나로 봉합한다
이제 그대 안치될 수 있다면…… 안락하게
이제 그대 평화로울 수 있다면…… 영원히
잠들어라 죽음의 이유를 내가 밝혔다
죽을 수 있는 무궁무진한 경우의 수
사람이 시체를 먹고 산다
……오늘은 복날이니 삼계탕을 먹어야겠다

웹진 『시인광장』 2024년 3월호

이승하

경북 의성에서 출생. 중앙대학교 문예창작학과와 同 대학원을 졸업 . 1984년 《중앙일보》 신춘문예에 시가, 1989년 《경향신문》 신춘문예에 소설 당선. 저서로는 시집으로 『사랑의 탐구』(1987), 『우리들의 유토피아』(1989), 『'욥의 슬픔을 아시나요』(1991), 『폭력과 광기의 나날』(1993), 『박수를 찾아서』(1994), 『생명에서 물건으로』(1995)가 있고, 시론집으로 『한국의 현대시와 풍자의 미』(1997), 『생명 옹호와 영원 회귀의 시학』(1999), 『한국 현대시 비판』(2000), 『한국 시문학의 위기를 극 복하기 위하여』(2001)와 그밖에 소설집 『길 위에서의 죽음』(1997)과 시선집 『젊은 별에 게』(1998) 등과 평전으로 『마지막 선비 최익현』, 『최초의 신부 김대건』, 『청춘의 별 윤동주』가 있음. 지훈상, 시와 시학상, 편운문학상, 한국가톨릭문학상 등을 수상.

루트 3

이시경

세 번을 쳐도 굴하지 않는 고집쟁이

트라이앵글 왕국에서 갇혀 가슴앓이하다가
큐브의 가슴을 손톱으로 절개하고
수나라에 홀연히 나타난 외골수라니

$$\sqrt{3} = \sqrt[3]{3+\sqrt[3]{3+\sqrt[3]{3+\sqrt[3]{3+\sqrt[3]{3+\sqrt[3]{3+..}}}}}}$$

우주 공간에서 끝없이 슝슝 달리는 중성미자인가
기러기 깃으로 이야기를 술술 써나가는 서사 시인인가
세 번을 맹세해도 죄악의 불씨는 달음질치고
너는 누가 보낸 메신저인가

너의 나라 처소마다 지붕 아래 셋이 있다
삼 형제가 기업을 삼분하고
로봇도 3원칙이 있고
원자에서 우주까지 셋으로 통하는 나라
손도 눈도 심장도 모두 셋인 나라
돌연변이 없는 순수한 나라

너의 절규는 날 선 가위가 되고
조직의 암 덩어리는 사각사각 녹아내리고

계간 『시와세계』 2023년 여름호

이시경
2011년 《애지》로 등단. 저서로는 시집으로 『쥐라기 평원으로 날아가기』, 『아담의 시간여행』이 있고, 교양과학/과학에세이 『과학을 시로 말하다』가 있음. 현재 성균관대학교 교수.

뫼비우스의 장미가시

이영춘

적막한 빈 집의 잠 속에서
장미 한 송이 배달되기를 기다리는 무중력의 잠 속에서
장미 가시에 찔린 몸이 느리거나 빠르게 넘어가는 동안
어둠은 길게 제 몸을 구부리고 달려와
내 발 뒤꿈치를 문다
쓰리고 아픈 한낮의 오후가
달의 둥근 심장이 열리기를 기다리는 동안
행운을 싣고 오는 황금 벌레는
가뭄처럼 타들어가는 혓바닥을
한 모금 냉커피를 마시듯
금 간 심장의 틈과 틈 사이를 적신다
붉은 동그라미의 토요일 오후,
아무것도 배달되지 않는 우체부의 헐거워진 그림자가
팽팽해진 내 잠 속으로 걸어 들어와
불안과 초조라는 편지 한 통을 획 던지고 간다

편지 속에서 번져 나오는
둥근 원통의 가시 장미
텅 빈 오후를 훑고 지나간다

계간 『시원』 2024년 여름호

이영춘
1976년 《월간문학》으로 등단. 시집으로 『시시포스의 돌』 외에 다수 있음. 윤동주문학상 외에 다수 수상.

이재연이종민이채민
이연호이 하이혜미
임원묵임지훈장옥관
전길구이재연이종민
이채민이현호이 하
이혜미임진묵임지훈
장옥관전길구이재연
이종민이채민이현호
이 하이혜미임원묵
임지훈장옥관전길구

이재연이종민이채민
이현호이 하이혜미
임원묵임지훈
장옥관전길구

61
⋮
70

이재연이종민
이채민이현호
이 하이혜미
임원묵임지훈
장옥관전길구이재연
이종민이채민이현호

오늘도 다르지 않습니다

이재연

라일락 꽃잎을 뜯어 라일락 시럽을 만드는 동안에도
라일락꽃은 피어나는데 잠깐 비가 왔습니다
라일락과 장미와 양파와 자색 가지와 커다란 암탉을 다듬는 여인의 손톱 밑은 검게 변해 있습니다
여인의 손은 크고 공손했습니다

온실을 짓고 스토브를 만들고 선반을 만들었습니다
제라늄 화분은 선반 위에서 따로 또 서로 같이 놀게 했습니다.
마당을 뒹구는 개와 고양이는 서로를 공격했지만 아무도 다치지 않았습니다

암탉이 울 때마다 어디서든지 꽃은 꽃을 낳았습니다
들판을 가르며 흐르는 개울물은 은밀했고 명랑했습니다
시절 없이 핀 야생화를 똑똑 따서 투명주전자에 담은 후
뜨거운 물을 붓고 잠시 기다리는 동안 부풀어 오른 빵을 뜯으며 생기는 침묵은 잘 발효되어

식사는 단순하고 충분했습니다

초원 위에 흰 연기가 순하게 피어오르는 동안
농부들은 힘을 합쳐 다시 밀을 거두어들이고
대지를 가로질러가는 개울물에 손을 씻었습니다
긴 목을 뒤로 젖히고 하늘을 길게 올려다본 후 낟가리와 낟가리 사이로 걸음을 옮길 때

자작나무와 함께 겨울이 왔습니다
뚜벅뚜벅 흰 벌판을 걸어서 그가 오는 동안
남아있는 것 외에 것은 다 사라지고

화구 안에서 마른 나무의 목소리가 타닥타닥 서로 부딪치며 타오르고 있습니다
밖은 완전히 어두워지지 않고
흰옷 입은 천사는 나무의 밤을 지나가고 있습니다.

계간 『시산맥』 2024년 봄호

이재연
전남 장흥에서 출생. 2005년 《전남일보》 신춘문예 시부문 당선. 2012년 제1회 오장환 신인문학상 당선. 시집으로 『쓸쓸함이 아직도 신비로웠다』가 있음.

히메

이종민

너는 우연히 읽은 계절을 닮은 문장
너를 생각하면 죄를 짓는 기분

너는 구멍 난 배에 철판을 덧댄 부분
녹슨 가운데 가장 빛나는
언젠가 벌어질 틈을 두드리는 바다의 꾸준함

나는 스스로 단두대에 목을 대고도 겸연쩍어하는 목회자
나는 짐승의 썩는 시체
수풀 속에서 숨을 고르다가 수풀 속에서 발견되지 못할

봄에 비를 말할게
비를 봄에 말하면
봄이 비를 부단히 만나면
그리움

처마에 맺히는 찰나를 모아서
몸을 씻을게
상처에서 피가 나다가 더 이상 나지 않을 때까지
사랑에 빠지다가 지옥의 밑바닥에 닿을 때까지
앙상한 몸이 남아나지 않을 때까지

여름을 많이 사용하지 않고
가을을 들추지 않을게

폭설 속 한기와 습기를 모두 담아서 줄게

불, 인생의 전부이자 아무것도 아닌
그렇게 너는 말했다

이 이상 너를 말하지 않을게
한파주의보에 떨어지는 솔방울처럼
인내를 자랑삼지 않고
홑몸을 핑계로 너를 누더기처럼 기워 입지 않고

월간 『현대시』 2023년 7월호

이종민
2015년 《문학사상》 신인문학상을 수상하며 작품 활동 시작. 시집으로 『오늘에게 이름을 붙여주고 싶어』가 있음.

꽃은 길을 멈추고

이채민

만난 적 없는 시인의 부고를 받았다

컴퓨터 옆에는
그녀가 남긴 백매도가 펼쳐져 있고
나는 햇볕이 떠나간 시간을
맨발로 밟고 있는데
그 시간 그녀가 죽었다

누구는 죽어라 견디고
누구는 죽도록 사랑하고
누구는 죽음을 껴안고 가던 길을 멈춘다

신의 가호가 당도하기 전에
사람들은
시퍼런 이름을 지운다

어제 꽃을 피운 매화나무가
오늘 꽃잎을 떨구고

어제 서 있던 자들이
오늘 꽃잎 속에 눕는다

떠나는 것에 익숙한
아주 잠깐의 우리는

살아서 죽고
죽어서 산다

계간 『서정시학』 2022년 봄호

이채민

충남 논산에서 출생. 2004년 ≪미네르바≫ 신인상을 수상하며 작품 활동 시작. 시집으로 『기다림은 별보다 반짝인다』, 『동백을 뒤적이다』, 『빛의 뿌리』가 있음. 제7회 미네르바작품상과 서정주문학상 수상. 한국시인협회 사무총장 역임. 현재 계간『미네르바』주간.

귀가歸家

이 하

1.

바람도 돌아갈 곳이 없을 때 눈을 잃어버립니다. 흑백영화 속 무성의 화면으로 들어서는 주인공처럼 어두운 길로 빠져드는 오후와 같은 경우일 겁니다. 구름에 갇혀 떠돌던 수평의 소문처럼 오늘은 내일을 위한 뼈대를 남기지 못한 때문입니까. 무량으로 피우던 화염의 거리를 눈부시게 배회하던 꽃향기도 뒷걸음치는 누설처럼 파장의 난전으로 스며듭니다. 어제의 약속들은 너울지고 무용한 것들 위에 무욕의 내일로 돌아가지 못할 흔적만 남을 것입니다. 찬란의 허공에서 씨실처럼 쏟아지던 소나기 듣는 날이면 창 너머 풍경을 헤매어 뜨겁던 울렁증도 멈춥니다. 절애의 그늘에 몸을 내주던 바다 노을이 떠나고 물빛이 간직한 기억도 핏빛으로 지워집니다. 혼몽에서 깨어나 저녁 인사는 다 할 수 없을 것입니다. 결빙의 계절을 지나며 서로의 손을 놓치고 눈사람의 눈동자는 시선을 잃을 겁니다. 우듬지에서 울리던 마른 겨울 종소리를 듣던 흰 풀목도 낯선 문장의 속 빈 여울로 이미 흘러든 까닭입니다. 꿈의 형해形骸도 바람에 털리고 허리 꺾일 때마다 진동하던 여름을 품어 눅진한 비린내 젖던 가슴 가장자리에 바삐 내려섭니다. 무서리에 지친 혼백들만 막막히 언 서러움에 떨고 섰습니다.

2.

뒤엉킨 파랑에 갇힌 섬처럼 나는 한 발도 벗어나지 못하게 됩니다. 어수선한 뒷골목처럼 뒤적여 볼 수 없는 그리움에 진저리 치며 떠나간 바람에게 빚을 또 얻어야 합니다. 먼지 쌓인 오늘과 틈을 보이던 내일로 창을 내고 잠들려는 이유입니까. 귀환하지 못한 기억에 까마귀가 해 저물도록 우는 까닭이 커튼사이로 번질 아침 햇살이 벌써 두려운 때문은 아닐까 합니다. 느낌은 언제나 냄새처럼 깊숙이 밀려드는 밤의 일탈과 같은 발견이라 스스로 믿기 때문입니다. 부산하던 놀이터 허공에 걸린 그네에 부푼 아이들 웃음이 실려 저녁 달빛 머리가 바삐 다가올 시간이 되었습니다. 새벽에 남은 어둠으로 흘려 쓴 시詩는 차오른 달빛 고요의 사소한 쓸쓸함으로 읽힐 것입니다. 제 몸의 비늘을 털어낼 구석을 찾아 허정한 걸음으로 걸어온 그림자와 나는 여전히 동행입니까. 사서四序에 묻혀 귀 어두운 발길은 행로를 잃은 뒤란과 더 가까워진 때문입니까. 노을이 꺼내놓은 어스름도 망연으로 허물어지고 있습니다. 흰 머리 남겨진 자리에 바람의 꽃대를 새긴 베갯잇, 올이 풀릴 때마다 이별의 숨소리만 자욱이 들렸습니다. 흰 대숲의 공명에 등 기대고 새벽어둠은 또 그림자를 가지러 나서야*할 일만 남습니다.

* 신동호 시인의 시집 「그림자를 가지러 가야한다」를 변용.

웹진 『시인광장』 2024년 2월호

이 하

본명 : 이창호(李昌浩). 경북 울진에서 출생. 경희대학교 행정학과 졸업. 웹진 『시인광장』 제10회 신인상을 통해 등단. 시집 「반란」(천년의 시작, 2023)이 있음. 2023년 경기문화재단 창작지원금 수혜 . 현재 한국작가회의 회원.

응답

이현호

밤의 산책길에서 너는 무언가 할 말이 있는 듯하다
네 안에서 컹컹거리는 할 말을 산책시키느라 밤을 걷는 사람 같다

나는 네가 하려는 말에 목줄이 채워진 사람
발을 디디는 데마다 네 그림자가 있다

벌써 몇 바퀴째 돌고 도는 우리의 산책은 언제 끝날까
침묵이 달아나지 못하도록 다물고 있던 입이 마침내 벌어지려 할 때
너는 나를 돌아본다, 그거

아니?
몰라.

몰라?
아니.

모른다고도 안다고도 할 수 없는 이야기
모르지는 않지만 알고 싶지는 않은 말

우두커니 멈춰 선다 나는
네 그림자가 발밑을 빠져나간다, 저기

응?
아니야.

아니야?
응.

밤의 산책길에서 나는 할 말이 있다 이제
안에서 끙끙거리는 할 말을 풀어놓으려고 어둠을 걷는다

밤이 긴 것일까 산책이 긴 것일까
벌써 몇 바퀴째
그림자가 발걸음을 산책시킨다
산책이 우리를 끌고 간다

월간 『문학사상』 2024년 1월호

이현호

2007년 《현대시》로 등단. 저서로는 시집 『라이터 좀 빌립시다』, 『아름다웠던 사람의 이름은 혼자』, 『비물질』과 산문집 『방밖에 없는 사람, 방 밖에 없는 사람』, 『점, 선, 면, 다음은 마음』 등이 있음. 현대시신인추천작품상, 제2회 시인동네문학상 수상.

비와 세계의 실금

이혜미

우리가 우주의 입술 사이에서 흘러나온 하나의
빗방울이라면

돋아나는 꽃잎과 떨어지는 물방울이
문득 구분되지 않을 때
얕고 긴 잠에서 깨어나
비 가신 자리를 바라보자고 했다

영원히 젖어드는 천장을 가진 사람들이 되어
맞잡은 손에 스며드는 손금으로
서로의 깨어진 운명을 헤아리자고

비가 내린다는 말이 높이와 깊이를 포함하듯
어둠에도 안으로 자라나는 가지가 있어

천장에 번진 검은 꽃잎을 헤아리며
고여드는 꿈들을 생각해

솟구치는 어제 속에서
구겨서 던져버린 파지처럼
움찔거리며 조금씩 펼쳐지는
우울을 생각해

사실 비 같은 건 없어요 행성의 깨어진 틈으로

인간이 세계의 비밀을 잠시 엿볼 뿐

침입하는 빗줄기로 꽃점을 치면
발밑으로 빗금이 깊어지고
기억의 낱장이 젖어들겠지

어린 몸을 두고 멀리도 걸어온 것이다
사로잡힌 식물의 내뻗음처럼

침범의 방식으로만 가닿을 수 있는 세계가 있어

비가 내린다 사랑하는 이의 그림자를 움켜쥔 채
파국을 향해 추락하듯이.

월간 『현대문학』 2024년 9월호

이혜미
2006년 《중앙신인문학상》으로 등단. 시집 『보라의 바깥』, 『뜻밖의 바닐라』, 『빛의 자격을 얻어』. 에세이집(이하 공저) 『시인, 목소리』, 『촛불의 노래를 들어라』, 『당신의 사물들』, 『어쩌다 당신이 좋아서』 등. 서울문화재단 문예창작기금 수혜. 15회 올해의좋은시상賞 수상.

콜링

임원묵

우리가 새와 고양이의 목소리를
그저 울음이라 여기듯
실은 우리가 발음하는 모든 소리도
이 밤을 건너려는 울음일지 모르지
누군가 부르는 소리, 좋아한다는 말
함께 웃는 소리, 새벽 버스 정류장의 고요까지
그저 오늘 태어난 아이의 울음이
한순간 변주된 것에 지나지 않을지 모르지
슬프지 않다고 울지 않는 건 아니니까
우리가 우주로 보낸 전파 신호는
어느 행성의 백과사전에 그저 머나먼
푸른 점의 울음이라 적혀 있을지 모르고
그 행성의 아기는 그렇게
전파를 내뿜으며 울지도 모르지
인간은 우주가 스스로를 이해하는 방식*이고
울음은 우주가 당신을 이해하는 방식이니까
가로등 아래에서 당신과 내가
입을 맞추던 순간에
사랑한다는 발음은 뭉개지고
끝내 모르는 말로 남게 되면서
서로의 울음을 들었던 거지
끝을 향해 몸을 내미는 세계를 살아가면서
처음 태어난 날을 이해하려 했기에
모르는 거지, 우리들은

이름을 부르면 하던 일을 멈추고
돌아보는 법을
울지 않는 서로의 얼굴을

*칼 세이건.

계간 『시작』 2023년 가을호

임원묵
1989년 경기도의 연천에서 출생. 경희대학교 경제학과 졸업. 2022년 《시작》 신인상을 수상하며 작품활동. 시집 〈개와 늑대와 도플갱어 숲〉(민음사, 2024년)

코끼리

임지훈

1.
아무리 모자 속으로 집어넣어도
바깥으로 삐져나와 사람들은 얘기를 하다 내 귀를 발견하면
휘둥그레진 목소리로 귀가 어깨까지 덮어주니 겨울에 얼마나 따뜻한지?
눈을 털어내기는 귀찮지 않는지?
너무 많은 소리가 쏟아져 들어와 마음은 뻐근하진 않는지?
질문이 펄럭거려 정신을 차릴 수 없어

귀를 펼쳐 낙하산처럼 타 본 적 있냐고 물어온 수녀도 있어
사랑처럼 밤하늘에 갑자기 버려져
낙하 속도와 캄캄하고 달콤한 작별 속에서 균형을 잡아야 할 때
펄럭거리는 귀가 얼마나 도움이 되냐고 물었어

놀라 하얗게 질린 노인의 쪼그라든 그것 같은
귀를 슬그머니 만지면
금방 팽팽해져 박쥐처럼 날 수 있다는 사실을
누구에게도 고백한 적 없어
밤빛으로 팽팽한 어둠의 화살 속을 자유롭게 날아다니다
하늘이 어두워져 다시 좁아질 때
놀란 새들과 네 창문에 밤새 붙어 있었던 날도 있었어

상상력이 부족한 너는 한 번도 깨어나지 않았어
밤을 돌리고 있는 야행성의 눈빛들과 놀고 있는 달빛을 보았어

귀로 온몸을 덮고 새벽의 푸른 독毒을 참으며
네가 일어나 창문을 톡톡 건드려 주길
잠결에 살짝 커튼이라도 열어주길 기다렸어
너는 귀보다 나를 먼저 알아봤기 때문이야

2.
빛이 거리 여기저기를 쑤시고 다닐 때
귀로 얼굴을 덮고 자는 척 해
장대비가 멸시하듯 붉어진 도시의 모든 창문에 빗발을 꽂아댈 때
귀를 펼쳐 독수리처럼 날아올라
비에 무너지는 거리의 모퉁이와 불안한 까치걸음을 바라보곤 해
누군가 탱자나무의 바람을 귓속으로 밀어 넣어도
귀를 깃발처럼 펄럭거려
그 바람을 다시 갈라진 도시로 되돌려 보냈어

코로나 후유증으로 마구 자라난 이 귀가 좋아

허리까지 내려온 귀가 처음엔 어색했지만
가슴이 갑자기 텅 빌 때 어깨도 감쌀 수 있고
영혼까지 데워주기에
귀가 점점 좋아지고 있어
동짓날 아무도 모르게 귀를 활짝 펼치고
박쥐처럼 여기저기를 쏘다니다 은하수까지 날아간 적도 있어
은하수는 광년의 영역이지만 내 귀로는 하룻밤이면 다녀올 수 있어
그 이유는 알 수 없어
이 귀를 사랑하기에 다른 불편은 잊을 수 있어
언제든 네 밤하늘에서 다크 블루로 펄럭거리며
널 기다릴 수 있어 너무 좋아
마구 자라버린 귀를 사랑하기로 했어

3.
귀가 매일 자라고 있어 끝내 한 번도 본 적 없는 이상한 코끼리 똥으로 변하면 어떡할까 걱정이 따라다니지만 금방 잊어버렸어

매일 밤마다 손톱을 다듬듯 가위로 귀를 매만질 것인지 아니면 바람에 귀가 연마되길 바라며 끝없이 날아다닐 것인지 아직 정하진 못 했어

아무래도 끝없이 날아다니는 쪽이 홀가분할 것 같기는 해

4.
숨겨진 코도 밤마다 자라나고 있어

계간 『시산맥』 2023년 겨울호

동아대 졸업. 동아대 신문에 소설 연재. 동아문학상에 시와 수필 당선. 2006년 《미네르바》를 통해 등단. 시집으로 『미수금에 대한 반가사유』, 『고래가 나를 벗어나』 등과 사진시집 『빛과 어둠의 정치』가 있음. 2018년 한국문인협회 작가상 수상.

신천은 흐르고 오리는 떠있다

장옥관

  희망교 중동교 사이 오리 스물다섯 마리, 백로 한 마리 중동교 상동교 사이 오리 열 마리, 백로 세 마리, 왜가리 한 마리 희망교 대봉교 사이 오리 여덟 마리, 쇠백로 한 마리 수달은 없다 수달이 산다는 신천인데 한 번도 보질 못했다 그런데 희망교인지 아닌지 모르겠다 매일 오갔는데 모르겠다 혁명은 1960년 2월 28일에 일어났다 한평생 이 고장을 떠나 산 적이 없는데 모르겠다 오리를 세는 날이 많았다 어제는 전 직장 경리과에 근무하던 H를 집 앞에서 만났다 악수도 없이 그는 다짜고짜 말했다 장형, 여기 성서공단 와보이 고자가 억수로 많더라 총무부장도 고자고 관리부장도 고자더라 고자 만나면 삼년 재수 없고 꼭 패가망신한데이 인사도 없이 휘적휘적 사라졌다 내가 고자인 줄 눈치챈 듯했다 고자라서 제3공화국에서 제6공화국까지 한 아파트에 붙박여 살았다 신천의 청둥오리들도 고자라서 시베리아로 안 돌아가고 여름을 견디는지 모르겠다 매일 저들을 세고 있는 고자가 있다는 걸 아는지 모르겠다 고자이면서 고자가 아닌 척 너를 속이고 나를 속였다 신천이 흐른다 어제 흐른 물에 파이프 박아 내일의 물로 흐르게 한 신천이다 곽상도가 어깨띠 두르고 유권자에게 손 내밀던 신천이다 물가에서 장정들이 한낮에 신문지 펴놓고 소주를 마신다 신천은 흐르고 오리는 떠있다

계간 『창비』 2020년 봄호

장옥관
1987년 《세계의 문학》으로 등단. 시집 『황금 연못』, 『바퀴소리를 듣는다』, 『하늘 우물』, 『달과 뱀과 짧은 이야기』, 『그 겨울 나는 북벽에서 살았다』, 『사람이 없었다고 한다』 등을 출간. 김달진문학상, 노작문학상, 김종삼시문학상 등을 수상.

남국의 밤

전길구

미소를 머금은 여인이
바다에서 걸어 나왔다

어둠이 창으로
다가오던 저녁이었다

빛이 술잔에 빠져
밤이 깊어가는데
어디선가 노래가 들려왔다

'Excuse me, brother, make my lover a mojito'*

하늘에선 별이 쏟아지고
여인은 일렁이는 우주를 안았다
나는 그 파장 속으로 들어가
잔잔한 파동에 젖기도 하고
자연의 소리를 듣기도 했다

잠결에 설핏 본 정원에는
분홍색 꽃잔디가 부풀어 오르고
샐비어 꽃들이 비처럼 내렸다
뒤척이던 밤이 여명을 끌고 와
모닝커피 향기가 떠오를 때
다시 노래가 들렸다

'As for my coffee, no need for sugar
The world is sweet enough!

노래 'Mojito English Version'의 가사

계간 『서정시학』 2024 여름호

전길구
2021년 《서정시학》으로 등단. 경영학박사. 한국서비스경영학회 이사.

전수우정끝별정윤서
정윤천정지우정재원
정혜영조희희조용미
주민현전수우정끝별
정윤서정윤천정지우
정채원정희영조미희
조용미주민현전수우
정끝별정윤서정윤천
정지우정재원정혜영
조희희조용미주민현

전수우정끝별정윤서
정윤천정지우정채원
정혜영조미희
조용미주민현
전수우정끝별
정윤서정윤천
정지우정채원
정혜영조미희
조용미주민현전수우
정끝별정윤서정윤천

71
⋮
80

071

바다는 존재만으로도 無常이니까

전수우

카페 앞 통창은 파도를 머금고 있고
가끔, 지나는 발자국은 외발이에요

누구를 찾기에 눈물을 흘리시나요

지난해 밀려든 휴가철 방문객은
소식을 전해오지 않아요

불현듯,
주인의 목소리를 듣고 달려드는 갈매기가 있을 뿐

바다가 생각을 말할 때마다
파도처럼 달려간 당신을 붙들어요

노을로 대신 지는 속까지
물들어야 울음을 멈추죠

홀로 기울어진 게딱지가
앞으로 앞으로 걷다가 넘어진 자리에
바다는 존재하죠

커피를 내리는 알바생의 손가락이 두툼했다는
신문에도 나지 않는 소식에

무상이라는
꿈을 꾸지요

무크지 『미래서정』 2023년 12호

전수우
2022년 《서정시학》에서 〈4인용 식탁〉외 3편으로 시 등단. 저서로는 2013년 그림책 『멋진 똥 내놔』(공저)와 2018 동화 『굿바이 6학년』(공저) 출간.

홀가분한 홍시

정끝별

집을 정리한 건 봄날이었다

짐이 되어버린 묵은 살림을 삼박사일 버리고 버리는데 물러터진 감들이 구석구석 도사리고 있었다 첫날은 식탁 밑에 다음날은 다용도실에 다다음날은 베란다에 마지막 날은 냉장고에

홍시를 만들려고 여기저기 쟁여두고 더러 잊기도 했던 것들이다
엉덩이뼈가 부서지고 기다리던 자리에서 그대로 주저앉아버린 것들이다
세상 끝 울음처럼 악력을 잃고 저절로 새어 난 것들이다

그리 좋아했던 아삭 단감도 땡감 연시도 대봉감 홍시도 둥시감 곶감도

초겨울에서부터 늦봄까지
온몸에 가둬놓은 물을 여름에 반납하려는 듯 다 쏟아내고 물을 잡으려는 목마름으로

이제 끝났다, 물 한 잔만!

계간 『신생』 2024년 봄호

정끝별

1964년 전라남도 나주에서 출생. 이화여자대학교 국어국문과와 同 대학원 졸업. 1988년 《문학사상》에 〈칼레의 바다〉외 6편의 시가, 1994년 《동아일보》 신춘문예 평론 〈서늘한 패러디스트의 절망과 모색〉이 당선되어 등단. 저서로는 시집으로 『자작나무 내 인생』과 『흰 책』, 『삼천갑자 복사빛』, 『와락』과 시론평론집으로 『패러디 시학』, 『천 개의 혀를 가진 시의 언어』, 『오륙의 노래』 그리고 산문집으로 『행복』, 『여운』, 『시가 말을 걸어요』 등이 있음. 현재 명지대학교 국어국문과 교수로 재직 中.

차단기

정윤서

매립된 물길 위로 찬란한
해운대 주상복합 빌딩들
그 현관에는 죽은 연인의
대리석상이 새겨져 있었네
군데군데 비늘이 벗겨진
물고기들이 있었네

여름밤 마린시티
열리지 않는 차단기를 노려봅니다
누를 수 없는 방재실, 삭제된 출입 코드
차단기의 푸른빛이 출렁입니다
차량을 스캔하는 레이저는 차분합니다

걸림돌로 규정당한 나는 막막한 떠돌이가 되었습니다
디딤돌이 되겠다던 당신은 변하였건만, 나는
당신 곁을 낮이고 밤이고 떠도는 질긴 파도가 되었습니다
흐름을 막고 끊어 버리겠노라 선언한 당신
여지를 주지 않겠다는 당신, 거대한 방파제로 전환된 당신
시간은 외눈박이 눈조차 가리고 말았습니다
의미와 무의미를 넘나듭니다
차단과 해제가 반복된 스마트 폰을 봅니다
차단기가 혼자 푸르게 발광發光하고 있습니다
나는 몇 날 며칠을 혼자서 창백했습니다
발광發光과 발광發狂 사이에서 긴 정차를 했습니다

메꿔버린 바다의 바닥에는
우리가 낳은 물고기의 숨통이 끊겨있습니다
이리저리 숨죽인 물고기들, 웅장한 건물로 들어선 당신
숨과 숨은 공기를 따라 물과 물은 물길을 따라
예전의 모든 것들은 자유로웠지만
이제는 끊긴 숨과 물길
당신은 거친 결정권자가 되어 생이별을 강요합니다
우리가 그토록 오래 끌고 다닌 것은 무엇인가요
어느 문을 닫을 것인지는 각자의 몫
나는 강요당한 이별과 이별하기로 결심했습니다
함부로 버리지 않는 사람 앞에
함부로 버려지지 않는 사람이 되기로 결심했습니다
생각나지 않는 슬픔과 생각나는 약속은
나의 작은 영토 안에 묻었습니다
미열이 납니다

세탁 전문
활어회 전문
후진과 돌진 사이에서 출렁이고 있습니다
바닥에서 내 눈을 응시하는 물고기를 봅니다
테트라포드는 잠재적이면 좋겠습니다
익사체는
영원히 움직이지 않거나 한동안만 출렁이면 좋겠습니다

계간 시와사상 2023 여름호

정윤서
경기도 여주에서 출생. 동국대학교 문예창작학과 석사과정. 2020년 《미네르바》
등단. 현재 한국작가회의 회원, 한국시인협회 회원.

꽃이 피는 나타샤

정윤천

꽃들은 모두 나타샤에게서 태어나지

나타샤는 지명이 아닐 수도 있어 총을 든 군인의 이름이거나
수도원의 뾰족한 종탑 아래일 수도 있지

분명한 것은 나타샤가 나타난다는 데에 있어
그도 어차피 1월에서 12월 사이에 태어났을 거니까

해바라기처럼 길쭉한 걸음일 때도 있지
나타샤의 말투를 처음엔 잘 알아듣지 못할 수도 있지만
말 보다는 나타나기를 즐기는 나타샤

무거운 짐을 태운 트럭이 지나갈 때
공장에서 나온 남자들이 술집 안의 난로를 향해
함부로 이거나 세차게 쳐들어갈 때에도

나타샤는 조금씩 길어나지
그것은 나타샤 만의 좋은 버릇 중의 하나

입술에 연필을 문 정원사 아저씨가
나뭇가지에 빨간 새집을 매다는 커다란 집의 담장 안에서

지금까지 보다는 아름다워지게 될 거야
꽃이 피는 나타샤가 여기를 지니고 있는 동안에는.

계간 『시산맥』 2024년 여름호다

정윤천
1990년 《무등일보》 신춘문예, 1991년 《실천문학》 당선되어 등단. 시집으로 『생각만 들어도 따숩던 마을의 이름』, 『흰 길이 떠올랐다』, 『탱자 꽃에 비기어 대답하리』, 『구석』, 『발해로 가는 저녁』과 시화집 『십만 년의 사랑』 펴냄. 지리산 문학상 등을 수상. 현재 계간 시와 사람 편집주간.

그라운드 모빌

정지우

커지는 동공 속에서 수축하는 천체를 발견한 것처럼 미세한 움직임을 따라 생겨나는 징후들처럼 동작 속에서 부재를 발견하게 하는 날씨야

소도시의 어긋난 측백나무가 도려낸 정지된 학교 운동장 철봉 자장가의 첫 소절 오래된 마을의 웃음소리

즐거움이 줄어들고 있는 몸짓

얼굴 가득한 축구공이 굴러온다 여럿은 공간을 대체할 수 있고 다음날을 기약할 수 있어서 좋아 나눌 수 있는 기분을 나눌 수 없을 때까지 나누던 동아리였지

하지만 5명이 부족해서 더 이상 축구팀을 할 수 없다는 것
 연대할 수 없는 건 미래를 상상할 수 없다는 것

부족하다는 건 너무 치명적인 만약의 수인지도 모를 테니까 이를테면 기아와 전쟁과 전염병과 구조의 막강한 팀

수비와 공격의 팀플레이 팀풀 파이팅...
함께여서 지켜낸 역사가 고비를 넘기고 있는 위기의 순간이야

바람으로도 채울 수 없는 몸짓
울음을 머금은 공이 공의 울음을 꺼내고 있다 말머리성운에서

들려오는 태곳적 먼 훗날의 종소리로 3교시가 시작된 거야

호흡이 재생되는 운동장에서 사라진 흔적을 모아 나란히 세워 둔 모빌을 깨워 줘

웹진 『시인광장』 2023년 12월호

정지우
2013년 문화일보 《신춘문예》 등단. 아르코 문학나눔 도서 선정. 시집 『정원사를 바로 아세요』.

뒤집히거나 부서지거나

정채원

우리는 그곳에 가야한다

칼날 같은 파도를 헤치고
난파선을 타고라도 가야한다

배가 부르고 포만감에 졸음이 쏟아져도
이곳에 계속 머무를 순 없다
매 순간 떠나야한다

먼저 도착한 일당이 원주민처럼
텃세를 부리며
천길 벼랑으로 등을 떠밀지 모르지만
그곳에 원주민은 없다

이미 부러진 목이 다시 부러지고
무덤 속에 있던 반쯤 부패한 입술이 깨어나
푸른 립스틱을 바를지라도

우리는 기필코 그곳에 가야한다
그곳은 도착하자마자 이곳이 되고

그곳엔 아무 것도 없다
다만 가야할 이유만 있다

계간 『서정시학』 2023년 가을호

정채원
1996년 월간 《문학사상》 등단. 시집으로 『슬픈 갈릴레이의 마을』, 『제 눈으로 제 등을 볼 순 없지만』, 『우기가 끝나면 주황물고기』. 편운문학상 등 수상.

077

아름다움이 우리를 멸시한다*
— 레이크 루이스

정혜영

어떤
광경 앞
언어는 사라지고
아무것도

극에서 극으로 향하는 신전의
지붕처럼

되풀이되는
한여름밤

악몽에 갇힌 것 같아

루이스,
추앙받아 마땅할 아름다움

사람들은
그녀의 이름을 호수에게 주었다
아담이 그녀의 이름을 불러주듯이

우리의 언어가

아름다움이 얼어붙는다면

멀리
달아나야 하리라
허공에 음표를 매다는 카프카

미완의 문장처럼
들끓는
불안처럼

만년설로 뒤덮인
설산 봉우리들

순수한

것들은
제 체온에 놀라 불붙는 수은주가 된다

                                       빅토리아 빙원과
                                         에메랄드 호수

                                                서로에게

                                     귀 기울여 저 먼 곳을
                                        향하는 경사면이
                                              되었다

신전은 비어있고

루이스, 그녀는 호수에 갇힌 눈물이 되었다

아니,
호수는 루이스의 눈망울이 되었다

우리가 아름다움에 눈이 멀어

캄캄한
영원,
투명한 바닥이 보이지 않는다

*릴케의 시 「두이노의 비가」에서 인용.
*Lake Louse 캐나다 앨버타주 소재 호수

월간 『현대시』 2023년 9월호

정혜영
2006년 《서정시학》으로 등단. 시집으로 『이혼을 결심하는 저녁에는』 있음.

078

난간의 꽃들

조미희

계단을 올려다보면 꽃들이 있다 초겨울이 계절풍을 몰고 온 지난밤 힘차게 따귀를 맞은 몇은 목이 꺾이고 몇몇은 아무렇지 않은 얼굴로 있다 인간만 버티는 게 아니다 난간을 움켜쥐고 허공을 정화하는 저 꽃들, 곧 찾아올 동장군을 무슨 수로 막을 것인가 마지막 빛나는 계절 한 조각을 움켜쥐는 꽃, 한때 이름 없는 꽃의 역사에 심취한 적 있지, 거인의 발에 밟혀 아무도 모르게 찢긴 꽃잎들 혹한의 겨울 냉기 서린 들판처럼,

검게 번지는 멍울 곧 쏟아질 겨울의 입구, 바람이 풍장을 치르는 동안 시베리아 한랭전선이 난간을 서서히 얼릴 것이고 여자들은 겨울의 경계에 병풍을 친다

꽃, 하면 한없이 나약해지는 이름을 비수처럼 품고 있는 밑천의 대리자들, 판서(板書)의 역사지만 꽃은 의외로 질기고 다시 쓰여진다 만장(挽章)의 말들이 북풍에 흩어졌다 씨앗으로 돌아올 때 유폐됐던 이름들이 춘곤을 뚫고 얼굴이 될 것이다

웹진 『시인광장』 2023년 12월호

조미희
《시인수첩》 등단. 시집으로 『자칭 씨의 오지 입문기』, 『달이 파먹다 남긴 밤은 캄캄하다』가 있음.

079

테라스의 포석들

조용미

보고 있는 것을 생각으로 옮기지 않을 수 있을 때
강력한 내면을 가지게 되는 걸까

겨울은 기억의 잔상으로 채워지는
침묵을 통과하고 있다

비유가 가장 긴 봄을 감당하길 바라는 것,

봄 뒤에 겨울이 다시 오는 것을
견디는 것,

말한 것을 생각으로 옮기지 않을 수 있을 때
유연한 내면을 가지게 된다

    침브로네 테라스의 포석들 위에 가만히 엎드려서 나는 대리석 위에서 춤추는 빛을 내 속으로 스며들게 하고 있었다 나의 정신은 그 투명함과 그 저항의 유희 속으로 가뭇없이 빠져들더니 이윽고 고스란히 회복되었다 나는 모든 지성을 혼미하게 만드는 바로 그 장관에 내가 참여하고 있다는 느낌을 받았다 어떤 탄생은, 나 자신의 탄생을 목격하는 느낌이었다*

그는 무엇을 획득했을까
1924년의 그가 내 앞에 있었는데 나는
그걸 기억하지 못했고

테라스에 도착한 그 순간부터 나는
다른 방식으로 존재하기 시작했고
무언가 획득했다

이 문장을 읽은 25년 전의 나는 2015년 9월 그 장소에 가게 되고
돌아와 무언가 쓰게 된다 그다음
2022년 이 세 가지 사실을 알게 된다

밑줄을 그어놓은 문장은 처음 읽는 것 같고, 내가 쓴 것 같고
그는 햇빛이 춤추듯 일렁이는 날
테라스에 갔다

눈에 선하다는 말을 떠올려본다
그 뒤에
겨울이 다시 온다

생각은 야수와 같다 쓰면서
잡아먹히는 줄도 모른다

입안으로 들어가면 위액이 천천히 흘러나오는

기이하고 커다란 세계가
기다리고 있다

그 세계가 우리를 신비한 아름다움과 연결해준다 비밀 없이는
아름다움도 없다는 것을 알게 해준다

*장 그르니에,『섬』

계간 『문학과 사회』 2023년 여름호

조용미
1990년 《한길문학》으로 등단. 저서로는 시집 『불안은 영혼을 잠식한다』 등과 산문집 『섬에서 보낸 백 년』이 있음. 김달진문학상 등을 수상.

무덤과 베개

주민현

잠자리에 들기 전
둥근 조명을 켤 때
우리가 서로의 둥근 어깨나 가슴에 대해 말할 때
혹은 침묵할 때

이불 뒤에서 키득대는 어깨는
울고 있는 어깨보다 슬픔에 내구도가 강하고
기지개하는 주먹질하는 포개어지는 어깨는
꿈에서 보다 활발하고

끌려가는 어깨에 관해서라면
조용한 입술이 아닌 어깨를 대신하는 사람들이 있고
그 모든 어깨가 모여
군사 독재를, 부패 정권을 타도하고
그 어깨들은 다시 흩어져

가정을 회사를 군집을 이루고 으스러지고
어떤 어깨는 누군가의 뺨을 후려치는 데 일조하고
어려움을 토로하는 자 앞에서
가장 어려운 자의 어깨는 조용하고 가장 곤궁함은 잘
말해지지 않고
그럴 때에 어깨는 쉽게 주억거리지 않고

영원히 가져갈 질문을

영혼이 가져갈 질문으로 잘못 들으면서
내가 아는 너의 어깨는
자기가 아는 비밀을 발설하지 않고

슬프고 아름다운 것이 필요해서
우리는 친구를 만들고
친구의 어깨는 깨지기 직전의 컵과 같고

계간 『서정시학』 2024년 여름호

주민현
1989년 서울에서 출생. 2017년 《한국경제신문》 신춘문예 시로 등단. 시집으로 『킬트, 그리고 퀼트』가 있음. 2020년 제38회 신동엽문학상 수상. 현재 창작동인 〈켬〉으로 활동 중.

진혜진채종국최규리
최동호최분임최세라
최재훈최예인최형심
하린진혜진채종국
최규리최동호최분임
최세라최재훈최지인
최형심하 린진혜진
채종국최규리최동호
최분임최세라최재훈
최예인최형심하 린

진혜진채종국최규리
최동호최분임최세라
최재훈최지인
최형심하 린

81
⋮
90

진혜진채종국
최규리최동호
최분임최세라
최재훈최지인
최형심하 린진혜진
채종국최규리최동호

안녕은 무사입니까?

진혜진

무협지 속 우리는
순간순간 죽지 못해 적이 됩니다

권법을 정독한 고수가 아니라서

서로에게 긍정만 겨누지 못합니다
말의 혈만 찌르는 자객들
태양 아래 우뚝 선 두 그림자 아래
당신의 긍정과 나의 긍정은 방향이 달라
말이 달리면
온통 찢어지는 세상 같아
우린 종로를 누비다 강호고등어구이집에서
간신히 두 젓가락을 든 무사가 됩니다

안녕의 맛이 이처럼 담백하니
무적의 고등어를 오늘의 진정한 고수로 인정합시다

말과 말을 거쳐 온 자객 하나, 자객 둘······
안녕의 목이 계속 베입니다
가장 평범한 것이 가장 어렵다는 말 앞에서
가장으로부터 멀어지는 당신

안녕엔 착한 그림자와 착한 바람과 착한 지상이 필요한데
오얏나무 아래에서 갓을 고쳐 쓴 말들로
무성한 무림은 계속되어

우리의 안녕은 견딜 수 있겠습니까?

계간 『미당문학』 2023년 가을호

진혜진
2016년 《경남신문》 신춘문예 당선. 2016년 《광주일보》 신춘문예 당선. 시집으로 『포도에서 만납시다』가 있음. 2021년 한국문화예술위원회 아르코문학창작기금 수혜. 제11회 시산맥작품상 수상.

필라멘트

채종국

불빛이 가을을 건너는 중이다. 까마귀는 늙은 성당의 종소리를 쪼아대고 관악산 위로 숭어 같은 비행기 파란 물결 위를 펄떡거린다. 가을이 두려운 것은 내 심장이 고요에 닿는 까닭. 암막 커튼 사이로 출근처럼 기다리는 불안이 핸드폰 속으로 뛰어든다. 가을에 가을이 없다. 열병을 삼키는 것도 아닌데 온몸이 무감각해진다. 향기 하나로 계절을 들어 올리던 시절이 지나고 이제 맡을 수 있는 건 계절이 바뀔 때마다 바람 따라 건너오는 여러 죽음의 냄새. 강변 윤슬의 눈빛에도 흔들리지 않고 오늘도 허리 굽혀 자본이 만든 코인을 굴종 속에 넣는다. 감나무, 가을 전구를 노랗게 밝히고 지나는 골목의 목소리마다 가을 주단을 밟는다. 숨은 생명에서 움튼 오솔길. 그 길을 따라 가을을 건넌다.

가을에 가을이 없다.

계간 『문파』 2024년 가을호

채종국
2019년 《시와 경계》를 통해 등단. 신라문학대상 수상(시조). 시와징후 편집위원
현 《시인광장》 편집위원.

물시계와 무희

최규리

당신은 참 달죠
 거꾸로 흐르는 것을 따라 물방울을 따라 멀리 달아나는 것을 따라 미완의 햇빛 속으로 사뿐히, 그 지독한 저항을

그러므로 궁전 앞에서 뜨겁게 올라오는 것을 삼키며

내 몸은 이제 휘어지겠습니다

끌어당기는 당신의 손을 잡고 언제까지라도 구부리고 뛰어오르며
 위태로운 나무에 올라 푸른 잎사귀들의 사각거리는 노래를 흔들며 파란 기차가 지나가는 터널 속으로 가볍게, 그 천진한 웃음을

그리하여 잠시 흩날렸던 꽃잎을 귓가에 꽂아두고

이제 시간을 거슬러 올라가겠습니다

물방울이 아래로만 흐른다고 말하지 말아요 공중에서 나부끼는 저항은 발끝을 지나 모두가 폐허라고 말했던 당신의 가슴을 움켜쥐고 춤을 출 테니

눈물을 흘렸었나요 그럼 시간을 거스르는 일이니 이제 눈동자 사이로 미완의 속삭임이 모습을 드러낼 차례입니다 발끝을 세우

고 푸앙트: 포르드브라: 앙트르샤: 애티튜드:

한 다리로 당신을 향해 손을 뻗어
아라베스크:

그랑 주테:
공중에 떠 있는 시간이
우리를 아프게 할지라도

당신을 위한 춤을 추겠습니다 숨이 차올라 거친 호흡이 천장을 밀어 올리도록 그것마저 도약이라고 믿으며 붉게 번지는 가슴을 믿으며

계간 『시와 산문』 2024년 가을호

최규리
2016년 《시와세계》로 등단. 시집으로 『질문은 나를 위반한다』, 『인간 사슬』이 있음. 시와세계작품상 수상. 현 『시인광장』 편집장.

희미한 웃음 이미지

최동호

어둠 속에서 백지 같은 얼굴 하나 희미하게 웃다가 사라진다.
그 희미한 이미지가 오래 머리에 박혀 지워지지 않는다.
어린 시절 갑자기 죽거나 요절한 친구가 항상 떠나지 않고
어딘가에 마음속 깊이 자리 잡고 있다가
불쑥 살아나와 백지처럼 웃고 있는 것으로 생각한다.
백지는 항상 희미하고 낯선 얼굴로 새로운 고백을 강요한다.
꼬집어 말해야 할 특별한 잘못 없어도 아무 이유도 없이 그들을
아직 잊지 못하고 살아가고 있다고 말해주고 나서야
그들은 안심한 듯 잘 지내고 살라고 알 수 없는 희미한
백지 같은 웃음을 거두고 사라져가야 불편한 마음도 지울 수 있다.

계간 『미네르바』 2023년 겨울호

최동호
1979년 《중앙일보》 신춘문예 평론 당선. 1979년 《현대문학》에 추천완료. 시집으로 『황사바람』, 『아침책상』, 『딱따구리는 어디에 숨어 있는가』, 『불꽃 비단벌레』 등. 시론집에 『現代詩의 精神史』, 『불확정시대의 文學』, 『시 읽기의 즐거움』, 『디지털 문화와 생태시학』, 『진흙 천국의 시적 주술』 등. 제41대 한국시인협회 회장 역임. 제18회 제니마 문학상, 만해문예대상, 정지용 문학상 수상

속치마 원근법

최분임

    손이 들어갔다 나왔다 아버진 이제 막 도착한 곡선 새엄마 속치마 속이 궁금하고 나는 끝내 닿지 못할 우물 속 같은 아버지 속내가 궁금했어

    능소화빛 볼우물에 빠져 소실점으로 멀어진 아버지 글쎄 뭐든 말만 해, 너털웃음을 감아올리는 훤히 속 비치는 계절을 다녀오곤 해

    저 귀신 같은 장롱은 언제 버릴 거야, 주기가 짧아지는 질투엔 가속도가 붙어 수작의 방향은 날마다 갱신되고 있었어

    우물 속으로 돌멩이를 던지는 동안 이끼가 무성해서 슬픔도 무성했을까, 깊이를 가늠할 수 없는 어둠이 내일을 적셨어

    누굴 닮아서 이렇게 못돼 먹은 거니, 속치마 찢어진 발악이 뺨을 후려쳤어 자지러진 포물선이 텃밭으로 내달렸는지 양철대문이 벌컥, 붉은 녹을 쏟아냈지 바닥에 엎질러진 울음은 진실을 파편처럼 흩뜨리기 좋았어

    저 쥐방울은 믿고 난 안 믿는 거야, 잠결로 첨벙 두레박 깨지는 소리가 들렸어. 높아지는 파국의 수위엔 영악스러운 잠버릇의 형식이 필요했지. 파문을 견디기 위해 부르르 떨고 있는 수면의 가장자리처럼,

월간 『모던포엠』 2024년 8월호

최분임
경북 경주에서 출생. 방송대 국어국문학과 졸업. 2014년 제12회 동서문학상 대상 수상하며 《월간문학》으로 등단. 시집으로 『실리콘 소녀의 꿈』이 있음. 2005년. 제23회 마로니에 전국 여성백일장 산문부문 장원 수상. 2017년 제8회 천강문학상 시부문 대상 수상.

고양이를 볼 때 천사를 믿는다

최세라

두 개의 촛불처럼 눈동자가 흔들린다

같은 시공간에서
고양이는 동물계를 나는 인간계를 살았다

냄비에 눈송이 끓는 소리를 내며 고양이가 기대 온다
그릉그릉 물에 젖은 공간이 열린다

고양이는 동물계의 발톱으로 현관에서 가장 잘 보이는 벽지를 긁어 놓았다
나는 인간계의 입술과 혀로 고양이를 달랬다

털이 티슥티슥하고 꼬리가 뭉텅 잘린 길고양이를 본 적이 있었는데 계속 울며 전봇대 주위를 뒤지고 있었다 고양이에게도 소유라는 게 있을까

깨진 접시 조각이 방금 전 가졌던 둥그럼을 소유하듯

이해하지 못하는 기도문을 외우며
천사라고 부르면
울컥 기울어지는 게 있어서

자꾸 서려고 하는 고양이를 안는다
고양이는 아주 정교한 보일러처럼 내 목구멍에 뜨거운 호스를

밀어넣는다
  방안에 오줌이 퍼진다
  나는 온 방안을 더듬는다
  네 개의 발로 기며 바닥에 코를 대고 킁킁거린다

  방금 전까지 소유했던
  따스함을 되찾기 위해

  고양이를 볼 때면 천사를 믿는다
  나는 동물계를 살게 된다

계간 『시와 경계』 2024년 여름호

최세라
2011년 《시와 반시》를 통해 등단.
시집으로 『복화술사의 거리』, 『단 하나의 장면을 위해』

폭설 번역가

최재훈

창밖에 눈은 내리고
우린 카페에 앉아
쏟아지는 희고 깨끗한 눈송이들을 바라본다

눈은 바람에 아무렇게나 흩날리지만
눈송이들에게도
흩어지지 않는 어떤 의미가 있는 거겠지
그러므로 눈은 결국 가라앉고 마는 것
어쩌면 폭설은 적나라한 바닥을 감추기 위한
거대한 무의미일지도

설사 바닥이 모든 문장의 무덤이 될지라도
바닥은 그러나 공중에서 방황하는
희고 작고 가벼운 글자들의
마지막 안식처가 되어 줄 것이므로
한 글자도 씌어있지 않은
심지어 그날의 날씨도 날짜도 씌어있지 않은
우리의 낡은 일기장처럼

얇은 유리창을 여러 장 넘겨봐도
눈 내리는 페이지는 끝나지 않는다
눈이 '눈'이라는 글자가 되어 유리창에 마구 찍혀있고
'눈'이라는 글자 하나만으로
저렇게도 많은 문장을 만들어낼 수 있다니

우린 저 많은 문장들 중에
단 한 문장도 읽어낼 수 없다니

내 앞에 앉은 너의 머리 위에도
눈은 쌓이고
너는 곧 눈 속에 파묻혀 보이지 않겠지
보이지 않는 건 모두
지금 눈 속에 파묻혀 있기 때문에
폭설의 페이지가 되었기 때문에

나는 눈 속을 파헤치며
너를 찾아내려 하다가
네가 아닌 무언가를 찾아내려 하다가
결국 아무것도 찾아내지 않으려
눈을 마구 파헤치는 사람이 되어가겠지

너무 많은 눈이 내렸기 때문에
우리가 태어나기 전에도 죽은 후에도
눈은 내렸고 또 내릴 것이기 때문에

백지 만으로 이루어진 두꺼운
외국어 서적 한 권을 앞에 두고
늙은 번역가는 평생
단 한 글자의 외국어도
번역하지 못한 것 같은 심정이 되어버리겠지

폭설을 모두 걷어내면
아무도 없는 텅 빈 거리 같은

눈 내리는 마지막 페이지에 우두커니

서 있는 가로등에서 떨어지는 희미한 눈빛들
그 눈빛들 이제 눈을 털고 일어나
어둠에 기대서 주는 밤

툭툭
자신에게 악착같이 매달리는 의미를 털어내고
마침내 저들은
외롭고 앙상한 하나의 글자가 될 수 있을까

외국어 사전의 찢어진 한 페이지처럼
지금 난 카페에 홀로 앉아 있다

나를 번역해 줄 유일한 사람이
너였다는 걸
조금씩 잊어가면서
조금씩
알 수 없는 기호가 되어가면서

계간 『시산맥』 2023년 가을호

최재훈
2018년 계간 《시산맥》으로 등단. 제3회 정남진신인시문학상 수상.

088

컨베이어

최지인

자유로에서 파주출판도시로 빠져나갈 때
우리가 벌써 삼십 대가 되었고
변하지 않은 것은 과거뿐이라는 걸 알았다

친구를 태우고
식당에서 만둣국을 먹는 동안
시답지 않은 농담을 주고받았다
어느새
바닥이 보였다

필로티 주차장에
차를 세워두고
그게 무엇이었든
영원하길 바라던 때는
지났다

대기 발령 중인 친구는
잠이 오지 않는다며 물류센터에 나가 일했다
거대한 컨베이어 벨트 앞에
서서
물건들을 분류했다

나는 곧 잘릴 것이다
해야 할 일을 완수하지 못했기 때문에

사라질 것이다
더 이상 슬픔은 없다

그동안 무얼 했는데?

사실 저는 일 말고 다른 것을 좋아했습니다.

무대에 선 친구가 기타를 치며 노래했다

유명해지거나
가난해지거나
우리에겐 선택지가 없네
너희는 처음부터 알고 있었겠지
하루 열여섯 시간
여섯 명의 몫을 하기에 우리는
벌써 늙어버렸네

일하고
일하고
사랑을 하고
끝끝내
살아간다는 것을
들것에 실려 나가기 전에

알고 있었던 것
 비정규직의 정규직 전환을 반대하는 건 정규직이라는 사실 하고 싶지 않은 일은 보상이 적다는 사실 한 번 일자리를 잃은 이는 계속해서 자리를 잃게 될 거라는 사실

아스팔트에 쓰러진 운전자와 찌그러진 범퍼 앞에서 전화하는 운전자와 옆으로 누운 오토바이를 피해 서행하는 운전자

혼자 남은 나에게
혼자 남은 너에게

산 자의 얼굴을 들여다보며

아무것도 하지 않은 것에 대하여

나는

계간 『푸른사상』 2021년 겨울호

최지인
2013년 《세계의 문학》 등단. 시집으로 『나는 벽에 붙어 잤다』, 『일하고 일하고 사랑을 하고』와 동인 시집 『한 줄도 너를 잊지 못했다』가 있음. 제10회 조영관 문학창작기금 수혜, 제40회 신동엽문학상 수상. 창작동인 〈뿔〉과 창작집단 〈unlook〉에서 활동 중.

서랍 속의 도마뱀

최형심

    도마뱀이 혀를 자른다. 검은 내재율이 어둠 속으로 떨어진다. 나무로 만든 작은 관 속에서 도마뱀의 눈이 고요를 읽어 내린다. 날개였을지도 모를 것……, 도마뱀은 운다. 강철로 만든 날씨 속에는 온기가 없다. 물에 젖은 문장은 도마뱀을 지나 녹슨 종소리에 가 부딪힌다. 동쪽으로 문을 낸 작은 옷 가게 앞에서 누군가를 기다리는 일 같은 것, 담벼락 아래 부화하는 물방울 같은 것, 우산 아래 뒹구는 음악 같은 것, 바람을 열고 들어온 사람의 붉은 뺨 같은 것, 장대비 끝에 달린 장미 같은 것…… 꿈꾸었다. 도마뱀을 둘러싼 벽은 견고해지고 비는 그치지 않는다. 젖은 속눈썹 위로 투명한 꿈이 내려앉는다. 부서지기 쉬운 도마뱀과 수상한 밤이 서로를 나누어 가진다. 백지 위에 둥글게 원을 그리고 도마뱀이 그 안으로 몸을 던진다. 낡은 페이지에 연분홍 혓바닥이 흩날린다. 못내 아름다운 그 혀……

계간 『아토포스』 2023년 여름호

최형심
2008년 《현대시》 등단. 시집 『나비는, 날개로 잠을 잤다』. 제4회 시인광장 시작품상, 심훈문학상 수상. 웹진 『시인광장』 편집장 역임. .

090

면역 免疫

하 린

새벽 4시 무렵엔 콘크리트의 맥박이 들리고
잠든 아내에게선 물거품 냄새가 난다

계획이란 건 누구의 것일까
가난은 왜 슬픔 보다 면역력이 더 강할까

미래란 단어가 옆구리를 휘감으려다 달아난다

아무리 낮을 치열하게 감당해도
밤은 기름지지 않고
일상은 침투에 약하다

어항에 금붕어라도 키우고 싶다던 아이는
꿈속을 뛰어다닐까 헤엄쳐다닐까

불황이 나에게만 집중돼도
목뼈가 고딕체를 실천해도

침대에 누워
형광등갓 속 죽은 날벌레들을 본다

죽음 아래에서 몇 년 째 괜찮은 척을 한다

비참은 만성이 된 지 오래
비굴은 독종이 된 지 오래

바이러스로 가득 찬 꿈을 꾼다
적응과 순응 두 가지 선택만 있지만
난 끝까지 울지 않는다

나를 지켜보는 신만이
조급할 뿐이다

계간 『시와 편견』 2021년 가을호

하 린

1998년 《광주매일》 신춘문예 시 당선 및 2008년 《시인세계》 시 당선으로 작품활동 시작. 저서로는 시집으로 『야구공을 던지는 몇 가지 방식』, 『서민생존헌장』, 『1초 동안의 긴 고백』이 있고, 연구서 『정진규 산문시 연구』와 시 창작 안내서 『시클』이 있음. 2011년 청마문학상 신인상, 2015년 송수권시문학상 우수상, 2016년 한국해양문학상 대상, 2020년 한국시인협회 젊은시인상 수상.

하상만 한성근 한정원
함기석 허 민홍성남
홍일표 홍 이운 황정신
황주은 하상만 한성근
한정원 함기석 허 민
홍성남 홍일표 홍재운
황 산 황주은 하상만
한성근 한정원 함기석
허 민홍성남 홍일표
홍 이운 황정산 황주은

91
⋮
100

흰색 옆에 검정

하상만

흰색에서 검정으로 이어지는 명도표를 좋아해
검정과 흰색이 반대편에 있는데
그걸 쳐다보면 둘은 원래 붙어 있던 거였구나,
하는 생각이 들어
어쩌면 흰색에서 검정으로 펼쳐져 있는 것이 아니라
실은 둥글게 반지처럼 말려 있던 거라서
흰색과 검정의 거리는 아주 가까운 것이었을 수도 있겠다 싶어
눈이 녹으면 검어지잖아
제대로 된 눈이 내리지 못하고 금방 녹을 땐
흰색과 검정의 경계가 이렇게 가까워도 되나 하는 생각이 들어
그땐 보기 좋게 경계를 잘라서 둘 사이를 멀리 펼쳐두고 싶어
원통인장을 잉크에 찍어 종이에 굴려보는 걸 좋아해
종이에 나타난 그림을 보면서 사람들은
가장 멀리 있는 사람이 가장 가까운 사람이었다는 걸 상상하지 못하지
그건 아는 사람만 아는 사실
양 끝에 서 있는 두 사람은 만난 적 없는 사람처럼 보이지만
우리는 펼쳐진 그것을 눈으로 말아 손가락에 끼울 수도 있지
그렇게 다시 한번 곁에 서보지만
눈은 녹으면서 소리를 남긴다는 말을 좋아해.*
그 소리가 멀리 사라져 가는 것도 좋아해

* 한정원.

계간 『시산맥』 2022년 가을호

하상만
2005년 《문학사상》 등단. 저서로는 시집 『간장』, 『오늘은 두 번의 내일보다 좋다』와 교양서 『과학실에서 읽은 시1,2』, 『문학시간에 읽은 시』가 있음. 제9회 김장생문학상 대상, 제9회 김구용시문학상 수상. 현재 웹진 『시인광장』 편집위원.

제 속을 덩그러니 비워가며

한성근

어머니
감돌아드는 얼굴 모습 바람 끄트머릴 스친 듯하더니만
요 며칠 동안 날씨마저 무척이나 얄망스럽습니다
당신의 나지막한 밭은기침 소리
눈앞으로 홀연히 쏟아져 내리는 것 같아
땅거미 뒤집어 입은 거리를 쉴 새 없이 바라다봅니다
찬 기운에 움츠러든 사람들도 견디다 못해
꾸다 만 꿈의 발원지로 혼곤히 돌아가고 있는 것인지
금세 해님도 가던 길 서두릅니다
오늘도 망설임 끝에 어렵사리 밤이 찾아올 즈음
하루를 내려놓으며 발걸음 멈추려 합니다
노을의 빛깔 드리우다 지쳐 버린
조바심에 겨운 가로등도 제 속을 덩그러니 비워가며
슬픔을 감싼 허전함에 이를 적에는
고래등같이 엎드린 산비알은 되알진 약속 띄워 놓고
그리움의 갈피마다 모개로 젖어 깨어날 미혹에 감쪽같게 사로잡혀
굳은살 박인 고독을 한 움큼씩 들이밉니다
다신 돌아오지 않을 발치 아래 엎드려 일탈을 꿈꾸다가
무턱대고 집어삼킨 미완의 독백처럼
가슴 한구석은 어느덧 그악스러운 시름으로 차오릅니다
언젠간 영혼을 짊어지고 사라지려는 듯
외따로우니 몸을 말아 초록빛 다부졌던 언덕길에 갈잎으로 떨어져서

저리도 두런두런 바스락거립니다
되는 대로 날 세운 엄동설한도 어쩌다 놓칠 뻔한 뒤틀렸던 모퉁이를 팽팽하게 잇대어
초점 잃은 눈빛으로 드넓은 벌판 내달려 보아도
남달리 번져간 회한이 막연한 불안과 마주칠 때마다
못갖춘생각은 바닥을 드러낸 채
머지않아 가는 길 막지른 봄기 운에 아근바근 밀려
앙당그러진 겨우살이 짙어지고 자취를 감출 것입니다
날 선 어둠은 까만 먹물 내뿜으며 온 누리 차지할 기세인데
저도 이젠 심상한 눈꼬리 묶어 둔 모국어 몇 자 추슬러
한층 더 깊어진 무명無明의 침묵에 망설임 없이 잠기렵니다
창밖엔 여전히 허공을 여읜 바람이 떠돌고 있습니다

계간 2024년 여름호

한성근
전남 보성에서 출생. 2018년 《인간과 문학》으로 등단. 시집으로 『발자국』, 『부모님 전 상서』, 『바람의 길』, 『채워지지 않는 시간』, 『또 하나의 그리움』 등이 있음. 더좋은문학상 수상.

토트넘

한정원

잔디는 연둣빛 그림자 아래서 소생한다.
초록을 살리는 유리 돔 햇살
흙냄새가 섞일 때까지 농도를 맞추고 빗줄기를 기다린다.

넘어지지 않으려고 도착한 사람들이 달리는 시간 뒤에서 백넘버를 달고 뛴다. 나는 잔디 위 등을 타고 미끄러지다가 깨진 이마에서 붉은 풀의 깊이를 기록한다. 습관처럼 쌓이는 주머니 속 옐로카드들.

가만히 있으면 엄지발가락 발톱이 자라서 걸을 수 없다는 남자들이 무엇인가 걷어차기 위해 경기장으로 들어오고, 공이 진두지휘하는 허공에서 넘어지는 법을 배운다. 앞으로, 옆으로, 위로, 받아 넘기고, 뒤에서 당기고, 밀치고, 날아가고.

오래된 우물, 핫스퍼, 빨간 이층 버스, 공을 따라 속력을 내는 깃발들을 지도에서 찾으면 경기장이 나온다.

지게차는 느린 동물처럼 손을 뻗어 뒤엎어진 잔디 뿌리를 다시 심고 바람을 섞어놓는다. 관중이 돌아가야 복원하는 저녁, 주저앉고 튀어 오르고 넘어지며 달려가던 함성이 수만 개 의자에 걸터앉는다.

경기가 끝나면 잔디는 게이트 입구에서 고요한 기록을 기다리며 뒤척일 것이다. 동굴 속을 통과한 출입구 계단이 '나의 운명'이라고 외치는 사람들을 태우고 잠자리처럼 카메라를 따라간다, 로버트처럼.

잔디는 갈라지다가 다시 만나고 스프링클러 방향으로 각도를 틀다가 관객이 나타날 때쯤 전복한다.
잔디가 응원을 마치고 물을 마실 때 식당은 선수들을 기다리며 문을 연다.
물탱크를 굴리며 소행성처럼 떠다니는 유니폼의 글자들.

월간 웹진 「님 Nim」 2024년 2월호

한정원
세종대학교 대학원 교육학과(교육학 석사) 졸업. 1998년 《현대시학》으로 등단.
시집으로 『그의 눈빛이 궁금하다』, 『낮잠 속의 롤러코스터』, 『마마 아프리카』, 『석류가 터지는 소리를 기록했다』가 있음.

첫눈

함기석

첫눈이 왔다 죽음이 흰 날개를 달고
굴뚝으로 내려왔다

나는 밤새 밭은기침을 했다
새벽에도 뜨거운 이마가 가라앉지 않았다

첫눈이 왔다 죽음은
세 갈래 발자국을 찍으며 뜰에 내려왔다

할머니는 내복 바람으로 부엌에서 물을 뜨다가
산머루 빛깔 죽음의 눈동자와 마주쳤다

첫눈이 왔다 밤새 먼 길을 걸어
아침이 따신 물 주전자 들고 대문으로 들어섰다

그때 식구들 울음소리가 들렸다
아궁이 앞에 할머니 물 사발이 떨어져 있었다

첫눈이 왔다 그을음으로 덮인 부엌 흙벽 가득
세 갈래 발자국을 찍고 죽음이

뒷문으로 걸어 나갔다 어린 내 눈에는 다 보였다
할머니 발자국도 나란히 찍혀 있었다

첫눈이 왔다 첫울음이 왔다
밤사이 할머니가 내 열을 먼 들로 가져갔다

계간 『시산맥』 2023년 겨울호

함기석
한양대학교 수학과 졸업. 1992년 《작가세계》 등단. 시집으로 『국어선생은 달팽이』
『착란의 돌』, 『뽈랑공원』, 『오렌지기하학』, 『힐베르트 고양이 제로』 등과 동화 『상
상력 학교』 등이 있음. 눈높이아동문학상, 박인환문학상, 이형기문학상, 웹진 시인
광장 선정 올해의좋은시賞 등을 수상.

깊은 밤, 너의 울음

허 민

시월 십일의 비가
무참히도 내린다
이 비는 하나의 문을 닫고
하나의 문을 연다
사람의 눈동자에서
흐르는 물방울이
하나의 문을 닫고
하나의 문을 여는 것처럼
우리는 어쩌면
파도가 두근거리는
머나먼 밤의 항해를
함께 떠났던 것이다
네가 온다
아니 운다, 라고 쓰려했는데…
네가 천천히 조금씩 내 앞에서
무너지며 울던 것인데
그건 어쩌면 어디로부터
네가 정말 오고 있는 것인지도
너는 가만히 앉아
나의 미안을 들으며
가끔씩 찻잔을 만지작거리면서
창밖을 어둡게 바라보았을 뿐인데
그러다가 가슴 안 고여 있던 단단한 주먹이
펼쳐진 종이 뭉치처럼

부스럭거리듯 피어났던 것뿐인데
네가 나에게 뭉클해지고 있는 지금
울고 있는 세상은 왜 그리 치명적인지
너는 우는데
너는 내게로 오고 있어서
이 혼란한 밤의 갈림길은 모두 사라지고
오직 붉은 심장으로부터 피어난 핏방울
다시 내게서, 나의 뿌리 깊은 곳에서
싹을 틔운다
너는 우는데 나는 그래서
너의 어둔 밤을 만졌다
유리창에 젖은 별 하나가
촉촉이 흘러내렸다

계간 『황해문화』 2021년 가을호

허 민

1983년 강원도 양구에서 출생. 2014년 웹진 《시인광장》을 통해 등단. 시집으로 『누군가를 위한 문장』이 있음. 2022년 제2회 시산맥 창작지원금 수혜.

관객

홍성남

새들이 날아다닌다. 나는 새를 몰래 보고 있다. 이건 내가 아닌 너의 이야기일지 모른다. 창밖에 있는 사람들만 알고 너만 모르는 이야기, 날로 새로워지고 있다. 이 나뭇가지에서 저 나뭇가지로 쉴새 없이 이동하며 노래도 하고 짝짓기도 한다. 그런 새를 보고 있다. 나는 누구의 삶을 보고 있는 것일까. 새들은 언제나 우르르 몰려다니며 분주히 움직인다. 조용히 말을 걸고 싶지만 먹방을 보는 사람처럼 호기심을 눈으로만 읽는다. 나뭇잎에 부리를 씻던 새는 내가 쳐다보는 줄도 모르고 앙증맞은 꽁지를 흔들고 있다. 저 새는 의심하지 않는다. 나는 새의 의심 밖에 있다. 새의 오늘과 똑같은 오늘 속 오늘이 아닌 시간 속에 있다. 햇살이 무늬 없는 날개에 쏟아져 내린다. 아침을 찍어 먹고 슬픔을 찍어 먹고 웃으며 울던 날들이 지나간다. 아끼던 여름이 지나간다. 저 무대를 벗어난 새가 궁금할 때도 있다. 나도 누가 짜놓은 무대 안에서 잠을 자고 일어나고 있는지 모른다. 무대 밖으로 나갔던 새가 돌아왔다. 소풍이라도 갔다 왔는지 나무 사이를 돌며 장난을 치고 있는 것 같다. 훔쳐보고 있는 나를 누가 내려다보고 있는 기분이다.

웹진 『시인광장』 2024년 4월호 웹진 《문장》 2023년 4월호

홍성남
2021년 《문예바다》, 《시와 사람》으로 등단.

어느 건축가의 고백

홍일표

  그의 방엔 크고 작은 다섯 개의 창문이 있다
  쓸모의 가능성을 잊은 시처럼 사면이 밝고 환하여 어디로든 통한다

사람에게 불친절한 창은
몸 가벼운 햇볕과 바람을 위한 배려 같다

오늘도 햇볕이 제일 먼저 방문하여 자기를 증명한다
아침마다 집이 부풀어 올라
풍등처럼 날아오를 것 같다

어느 괴짜의 파격적 취향이 저지른 아름다운 불상사라고 말한다

불편과 불필요에 방점을 찍고
편리와 필요를 슬쩍 밀어낸 자리

최대한 집의 숨통을 열어놓고 숨 쉬게 하고 싶었다고 했다
안팎이 들락거리며 한자리에서 놀게 하고 싶었다고 했다

바깥도 없고
안도 없는
아니 바깥도 있고 안도 있는
창이 많은 집
숭어의 아가미 같은 창으로 숨 쉬는 집

찌르르찌르르 귀뚜라미와 남몰래 통화하는 집
텃밭의 키 큰 맨드라미가 등대처럼 밤마다 불을 켜는 집

하릴없는 바람이 어슬렁거리다 돌아가면 시가 도둑처럼 다녀갔다고 말하는 집

계간 『시산맥』 2024년 봄호

홍일표
1992년 《경향신문》 신춘문예로 등단. 저서로는 시집 『매혹의 지도』, 『밀서』, 『나는 노래를 가지러 왔다』, 『중세를 적다』, 『조금 전의 심장』과 평설집 『홀림의 풍경들』, 산문집 『사물어 사전』 등을 펴냄. 지리산문학상, 웹진 시인광장 선정 올해의좋은시賞, 매계문학상 수상.

098

사과와 콘크리트

홍재운

　사과가 난다 액자 속에서 보도블록이 빠져나간다 나뭇가지는 사라지고 붉은 콘크리트 속으로 사과가 난다 투명한 걸음으로 햇살 뜨거운 반영이 멈춘다 아무도 지나가지 않는 제한 속도를 내려다보고 있다 광장이 되던 소음들은 모두 어디로 갔나 와이셔츠와 하이힐들은 자동차는 왜 보이지 않는 걸까 희미해지는 액자와 쌓인 책들, 텅 빈 거리에 서서 날아가는 횡단보도를 바라보았다 그림자들은 더 깊은 표면으로 사라져, 유리창이 빛나고 있었다 아무것도 전달하지 않겠다는 듯 덮인 책들이 쌓여있었다 쌓인 흐트러짐이 없었다 하늘은 날아가고 안과 밖이 동시에 시선을 빼앗기고 밤과 낮이 겹치면 사과와 콘크리트가 자세를 바꾼다면

　도로는 아직 도로 위에서 책과 사과의 공간을 사수하고 있다
　이탈하는 감각을 전달하고 있다

　한 알의 사과
　투명한 콘크리트로 날아가는 몸들이 일어서고 있다

계간 『시와 세계』 2024년 여름호

홍재운
2005년 계간 《시와 세계》 신인상을 통해 등단. 시집으로 『정자역 지나 오리역에도 비가 흐른다』와 『붉은 뱀을 만나다』, 『오늘 비가』가 있음.

어처구니의 행방

황정산

눈썰미 좋은 이가 알아보았다
깎고 다듬어 자리를 정해주었다
무거운 어깨가 힘들지 않았다
쳇바퀴를 돌리면서 세상을 돌린다 생각했다
많은 사람의 손을 잡았다
빛이 나기 시작했다
어느 날부터 여기저기 팔려 다녔다
고된 노동으로 몸피가 줄자 붕대를 감았다
찾는 곳이 많아졌다
장독대에서 노숙을 하다 알게 되었다
동료들이 모두 사라지고 혼자였다
처음으로 본 별빛이, 유난히 밝다고 느끼던 날
앓던 이처럼 어처구니는 빠져나왔다
어처구니가 없어졌지만 아무도 찾지 않았다

이제 사람들은 어처구니없어 돌다리를 딛고 다닌다
어처구니없는 곳에 풀씨가 날아들고
가끔 꽃이 피기도 한다
다 어처구니없이 생긴 일이다

* 어처구니가 맷돌 손잡이를 말한다고 알려졌는데 이는 민간어원설에 의한 어처구니없는 잘못이라는 것이 학계의 정설이다. 하지만 이런 오류가 어처구니없이 새로운 언어를 만들기도 한다.

계간 『다층』 2024년 여름호

황정산
1958년 목포에서 출생. 고려대학교 불문학과 및 同 대학원 국문학과 졸업. 1994년 《창작과 비평》으로 평론활동 시작. 2002년 《정신과 표현》으로 시 등단. 저서로는 『작가론 김수영 총서』, 『주변에서 글쓰기』, 『쉽게 쓴 문학의 이해』 등이 있음. 대전대학교 교양교육원 교수. 웹진 『시인광장』 편집위원 역임.

흘리는 자세

황주은

저기 거울이 있네
몰랐는데
어둠이 덮어 놓았던가 봅니다
어둠에는 반사가 없으니

왜 그런 일에 뼈를 갈아 넣느냐고요?
무슨 일에나 뼈를 갈아 넣는 성질 때문
어떤 낯선
흐느낌 같기도 합니다만

그러면 못 써, 암담한 냄새를 풍기다니
시계 소리 멈추고
커튼은 부풀고
그러니까 그러면 못 쓴다니까
흰 반죽 덩어리 두 개가 엎어져 있잖아

생동합니다
이런 자세를 길게 끌고 싶습니까?

참 예쁜 거울
흘러내린 얼굴을 쓸어 담는 거울
생각합니다

처음만 모아놓은 거울

모두가 소용없는 처음

거울 속의 거울입니다
여태껏 몰랐던 진동입니다

웹진 『시인광장』 2023년 10월호

황주은
2013년 시사사 등단. 시집 『불의 씨』 출간.

웹진 『시인광장』 역대 편집위원 기별 명단 (期別 名單)

■ 웹진 『시인광장』 제1기 편집위원 (2006. 3. 1 ~ 2008. 11. 30)
우원호(발행인 겸 편집인, 편집주간)
김　륭(편집장)
김　산(편집위원), 이용임(편집위원)

■ 웹진 『시인광장』 제2기 편집위원 (2008. 12. 1 ~ 2009. 3. 31)
김백겸(편집주간)
박진성(편집장)
김명원(편집위원), 윤은경(편집위원), 윤지영(편집위원)

■ 웹진 『시인광장』 제3기 편집위원 (2009. 3 . 31 ~ 2010. 1. 31)
김백겸(편집주간)
박진성(편집장 2008. 12. 1 ~ 2009. 3. 31)
김예강(편집장 2009. 4. 1 ~ 2009. 12. 31)

변의수(편집위원), 이성렬(편집위원), 김명원(편집위원), 최정란(편집위원), 김예강(편집위원), 서영처(편집위원), 윤지영(편집위원), 김성규(편집위원)

■ 웹진 『시인광장』 제4기 편집위원 (2010. 1. 31 ~ 2011. 12. 31)
김백겸(편집주간)
이성렬(부주간)
김예강(편집장 2010. 1. 1 ~ 2010. 4. 30)
조유리(편집장 2010. 4. 30 ~ 2011. 8. 31)
김윤이(편집장 2011. 8. 31 ~ 2012. 1. 1)

김신영(편집위원), 김명원(편집위원), 문　숙(편집위원), 최정란(편집위원), 서영처(편집위원), 남기택(편집위원), 김미정(편집위원), 김지유(편집위원), 김예강(편집위원), 박성현(편집위원), 이송희(편집위원), 김옥성(편집위원), 정원숙(편집위원), 김후영(편집위원), 장무령(편집위원), 심은섭(편집위원)

■ 웹진 『시인광장』 제5기 편집위원 (2011. 12. 31 ~ 2012. 5. 30)
김백겸(편집주간)
이성렬(부주간)
김윤이(편집장 2011. 8. 31 ~ 2012. 1. 1)
성은주(편집장 2012. 1. 1 ~ 2012. 4. 1)

윤의섭(편집위원), 김명원(편집위원), 최정란(편집위원), 서영처(편집위원), 김미정(편집위원), 이성혁(편집위원), 김예강(편집위원), 이송희(편집위원), 신진숙(편집위원), 정원숙(편집위원), 김후영(편집위원), 장무령(편집위원), 심은섭(편집위원)

■ 웹진 『시인광장』 제6기 편집위원 (2012. 5. 30 ~ 2013. 1. 31)
김백겸(편집주간)
김영찬(부주간)
김지율(편집장 2012. 4. 1 ~ 2013. 5. 1)

구광렬(편집위원), 윤의섭(편집위원), 한명희(편집위원), 김명원(편집위원), 최정란(편집위원), 이성혁(편집위원), 김미정(편집위원), 정원숙(편집위원), 손현숙(편집위원), 장무령(편집위원), 강신애(편집위원), 사윤수(편집위원), 양균원(편집위원), 권정일(편집위원), 이송희(편집위원)

■ 웹진 『시인광장』 제7기 편집위원 (2013. 1. 32 ~ 2014. 5. 21)
김백겸(편집주간)
김영찬(부주간)
최형심(편집장 2013. 5. 1 ~ 2014. 5. 1)

윤의섭(편집위원), 한명희(편집위원), 김명원(편집위원), 황정산(편집위원), 강신애(편집위원), 김지율(편집위원), 이성혁(편집위원), 강희안(편집위원), 장무령(편집위원), 김미정(편집위원), 정원숙(편집위원), 손현숙(편집위원), 사윤수(편집위원), 양균원(편집위원), 권정일(편집위원), 이송희(편집위원), 전소영(편집위원), 정한용(편집위원), 이제야(편집위원), 천수호(편집위원), 최라라(편집위원)

객원 편집위원: 박서영

■ 웹진 『시인광장』 제8기 편집위원 (2014. 5. 21 ~ 2015. 2. 13)

김백겸(편집주간)

김영찬(부주간)

임 봄(편집장 2014. 5. 1 ~ 2015. 11. 30)

윤의섭(편집위원), 김명원(편집위원), 정한용(편집위원), 황정산(편집위원), 장무령(편집위원), 김미정(편집위원), 정원숙(편집위원), 손현숙(편집위원), 사윤수(편집위원), 권정일(편집위원), 박해람(편집위원), 김지율(편집위원), 전소영(편집위원), 오홍진(편집위원)

객원 편집위원: 박서영, 임희숙

■ 웹진 『시인광장』 제9기 편집위원 (2015. 2. 13 ~ 2016. 1. 13)

김백겸(편집주간)

김영찬(부주간)

임 봄(편집장 2014. 5. 1 ~ 2015. 11. 30)

정다인(편집장 2015. 12. 1 ~ 2016. 8 . 23)

윤의섭(편집위원), 김명원(편집위원), 정한용(편집위원), 장무령(편집위원),오민석(편집위원), 김미정(편집위원), 정원숙(편집위원), 손현숙(편집위원), 사윤수(편집위원), 권정일(편집위원), 김유석(편집위원), 박해람(편집위원), 김지율(편집위원), 전소영(편집위원), 이수진(편집위원), 오홍진(편집위원), 박정희(편집위원), 이영혜(편집위원)

객원 편집위원: 박서영, 임희숙

■ 웹진 『시인광장』 제10기 편집위원 (2016. 1. 13 ~ 2016. 8. 23)

김백겸(편집주간)

김영찬(부주간)

정다인(편집장 2015. 12. 1 ~2 016. 8. 23)

윤의섭(편집위원), 김명원(편집위원), 김미정(편집위원), 정원숙(편집위원), 손현숙(편집위원), 권정일(편집위원), 김유석(편집위원), 박해람(편집위원), 김지율(편집위원), 최형심(편집위원), 박제영(편집위원), 전소영(편집위원), 이수진(편집위원), 오홍진(편집위원), 박정희(편집위원), 이영혜(편집위원)

객원 편집위원: 박서영

■ 웹진 『시인광장』 제11기 편집위원 (2016. 8. 23 ~ 2017. 1. 18)
윤의섭(편집주간)
박해람(부주간)
이 령(편집장 2016. 9. 23 ~)

정숙자(편집위원), 김광기(편집위원), 권정일(편집위원), 박현솔(편집위원), 손현숙(편집위원), 나금숙(편집위원), 문 신(편집위원), 박수빈(편집위원), 정원숙(편집위원), 전소영(편집위원), 강 순(편집위원), 김지율(편집위원)

객원 편집위원: 박서영

■ 웹진 『시인광장』 제12기 편집위원 (2017. 1. 18 ~ 2018. 1. 5)
김신용(편집주간)
이 령(편집장 2016. 9. 23 ~ 2018. 1. 5)

박해람(편집위원), 정숙자(편집위원), 김광기(편집위원), 권정일(편집위원), 박현솔(편집위원), 손현숙(편집위원), 나금숙(편집위원), 권성훈(편집위원), 함태숙(편집위원), 문 신(편집위원), 박수빈(편집위원), 강 순(편집위원), (편집위원), 김지율(편집위원), 허 민(편집위원), 김분홍(편집위원), 한경용(편집위원), 송과니(편집위원), 이 선(편집위원), 정 호(편집위원), 김인경(편집위원)

객원 편집위원: 박서영, 윤향기

■ 웹진 『시인광장』 제13기 편집위원 (2018. 1. 5 ~ 2020. 8. 31)
김영찬(편집주간)
송과니(부주간)
이 령(부주간)

나금숙(편집위원), 권성훈(편집위원), 강 순(편집위원), 김명철(편집위원),허 민(편집위원), 김분홍(편집위원), 한경용(편집위원), 이재연(편집위원), 이 선(편집위원), 정 호(편집위원), 김인경(편집위원), 오유경(편집위원), 박진형(편집위원), 이 필(편집위원), 최규리(편집위원), 김윤환(편집위원), 김희준(편집위원)

객원 편집위원: 윤향기

■ 웹진 『시인광장』 제14기 편집위원 (2020. 9.1 ~ 2021. 8.31)
김영찬(편집주간)
이 령(부주간)
박진형(편집장)

강 순(편집위원), 김분홍(편집위원), 이재연(편집위원)

객원 편집위원: 윤향기, 김명철

■ 웹진 『시인광장』 제15기 편집위원 (2021. 9.1 ~ 2022. 1.8)
김영찬(편집주간)
이 령(부주간)
최규리(편집장)

강 순(편집위원), 김분홍(편집위원), 이재연(편집위원), 이 선(편집위원), 김효은(편집위원), 배세복(편집위원), 김광호(편집위원)

객원 편집위원: 윤향기, 김명철

■ 웹진 『시인광장』 제16기 편집위원 (2022. 1.9 ~ 8.31)
김왕노(편집주간)
이 령(부주간)
최규리(편집장)

강 순(편집위원), 권성훈(편집위원), 김효은(편집위원), 배세복(편집위원), 김광호(편집위원), 채종국(편집위원), 차현주(편집위원), 하상만(편집위원), 석민재(편집위원), 송용탁(편집위원)

객원 편집위원: 윤향기, 김명철

■ 웹진 『시인광장』 제17기 편집위원 (2022. 9. 1 ~ 현재)
우원호(발행인 겸 편집인)
김왕노(편집주간)
이 령(부주간)
최규리(편집장)

권성훈(편집위원), 김효은(편집위원), 배세복(편집위원), 김광호(편집위원), 채종국(편집위원), 차현주(편집위원), 하상만(편집위원), 석민재(편집위원), 송용탁(편집위원), 김태경(편집위원), 정윤서(편집위원)

■ 웹진 『시인광장』 제18기 편집위원 (2023. 1. 5 ~ 현재)
우원호(대표)
김왕노(발행인 겸 편집인)
방민호(편집주간)
김조민(부주간)
최규리(편집장)

권성훈(편집위원), 김효은(편집위원), 하상만(편집위원), 석민재(편집위원), 김광호(편집위원), 채종국(편집위원), 김태경(편집위원), 정윤서(편집위원)

■ 웹진 『시인광장』 제19기 편집위원 (2024.12.1 ~ 현재)
김왕노(발행인 겸 편집인)
방민호(편집주간)
김조민(부주간)
최규리(편집장)

권성훈(편집위원), 김효은(편집위원), 하상만(편집위원), 정지우(편집위원), 석민재(편집위원), 김태경(편집위원), 신승민(편집위원), 채종국(편집위원), 김광호(편집위원), 정지우(편집위원), 정윤

서(편집위원), 이병진(편집위원), 이 하(편집위원), 이미영(편집위원)

☞ **웹진 『시인광장』 역대 편집위원**

강 순, 강희안, 구광렬, 권성훈, 권정일, 김광기, 김광호, 김 륭, 김명원, 김명철, 김미정, 김백겸, 김분홍, 김 산, 김성규, 김신영, 김신용, 김옥성, 김영찬, 김예강, 김유석, 김윤이, 김윤환, 김인경, 김지유, 김지율, 김태경, 김효은, 김후영, 김희준, 나금숙, 남기택, 문 숙, 문 신, 박성현, 박수빈, 박정희, 박제영, 박진성, 박진형, 박해람, 박현솔, 배세복, 변의수, 사윤수, 서영처, 석민재, 손현숙, 송과니, 송용탁, 심은섭, 신진숙, 양균원, 여성민, 오유정, 오홍진, 우원호, 윤은경, 윤의섭, 윤지영, 이 령, 이 선, 이성렬, 이성혁, 이송희, 이수진, 이영혜, 이용임, 이재연, 이제야, 이 필, 임 봄, 장무령, 전소영, 정다인, 정숙자, 정원숙, 정윤서, 정한용, 정 호, 조유리, 차현주, 채종국, 천수호, 최규리, 최라라, 최정란, 최형심, 하상만, 한경용, 한명희, 함태숙, 허 민, 황정산, 이 하, 이미영 (이상 96명)

객원 편집위원: 박서영, 임희숙, 윤향기, 김명철 (이상 4명)